Alexandra Klinghammer
Neptun – In Berührung mit dem Geheimnisvollen

Alexandra Klinghammer

Neptun

In Berührung mit dem Geheimnisvollen

Edition Astrodata

Umschlag: ruger/Reflexe/livri

Bilder innen: Astrodata: S. 4 | Edward Burne-Jones/Wikimedia:
«Liebe in Ruinen», ca. 1873: S. 49 | Walter Crane: «Die Rosse des
Neptun», 1892 (Neue Pinakothek, D-München): S. 85 | Dreamstime/
Agnieszkaw: S. 39 | Dreamstime/Thirdrome: S. 73 | Évrart de Conty:
«Der Gott Neptun und die Fische» (aus: «Les Échecs amoureux»,
1496–98): S. 54 | fotodienst tremag: S. 34 | Petrus de Guioldis: «Fi-
sche» (aus «Sternenkatalog», 14. Jh., Strahov-Bibliothek, CZ-Prag):
S. 52 | Lieber/Mondex/hq: S. 70 | Ligertz/Mondex: S. 46 | Ligertz/
Mondex/Wikimedia/Joydeep: S. 12 | Lookfor/Kungler: S. 61 | mdm/
Reflexe: S. 91 | Mulder/Reflexe: S. 103 | Nasa: S. 109, 110 | Renner/
Reflexe: S. 64 | Serafin/lug/Mondex: S. 24 | unmei/Reflexe: S. 58 |
Wacker/Reflexe/Matthews: S. 21 | Wikimedia/van der Wel: S. 33

Druck/Bindung: Kessler Druck+Medien, D-Bobingen

ISBN 978-3-907029-93-0

Es ist wichtig, dass wir ein Geheimnis haben und die Ahnung von etwas nicht Wissbarem. Es erfüllt das Leben mit etwas Unpersönlichem, einem Numinosum. Wer das nie erfahren hat, hat Wichtiges verpasst. Der Mensch muss spüren, dass er in einer Welt lebt, die in einer gewissen Hinsicht geheimnisvoll ist, dass in ihr Dinge geschehen und erfahren werden können, die unerklärbar bleiben, und nicht nur solche, die sich innerhalb der Erwartung ereignen. Das Unerwartete und das Unerhörte gehören in diese Welt. Nur dann ist das Leben ganz.

C. G. Jung

Inhalt

Teil 3

Neptun im persönlichen Horoskop

Vorwort

Den Wunsch, über den Planeten Neptun ein Buch zu schreiben, trug ich schon länger in mir. Neptun steht in meinem Horoskop als einziger Planet in einem Wasser-Zeichen. Und obwohl er einen wichtigen Aspekt zu meiner Venus sowie zu meinem Jupiter bildet, also nicht wirklich einen «lonely planet» darstellt, ist er doch ein Einzelgänger in meinem Horoskop. Und das macht ihn für mich so wichtig, so faszinierend, aber auch so herausfordernd.

Es gibt Facetten, die mir schon immer nahe gewesen sind bei diesem Planeten, beispielsweise die Gabe der Intuition, die mir schon früh gute Dienste geleistet und mich manches Mal vor gefährlichen Situationen beschützt hat. Als Jugendliche entging ich so einem Überfall, weil meine innere Stimme mich vor der drohenden Gefahr warnte und ich mich rechtzeitig in Sicherheit bringen konnte. Dieses Erlebnis hinterliess in mir das tiefe Gefühl, dass es da etwas gibt, eine höhere Präsenz oder Macht, die mich auf meinem Weg begleitet und beschützt. Überhaupt übte die Welt des Geistigen schon früh eine grosse Faszination auf mich aus. Vielleicht zog sie mich auch immer mehr in ihren Bann, weil ich erlebte, wie wichtige Erfahrungen oder Menschen, denen ich begegnete, auf eine geheimnisvolle Art miteinander verbunden waren. Das eine ergab das andere – so, als ob sich die Ereignisse wie nach einem verborgenen Plan sinnvoll und stimmig aneinanderreihten. Solche und andere Erlebnisse formten in mir die Überzeugung, dass es weit mehr als unsere konkret fassbare und sichtbare Welt gibt und dass wir mehr sind als ein biologisches Zufallsprodukt, entstanden aus einer Laune der Gene unserer Eltern.

Je älter ich wurde, desto tiefer tauchte ich in Neptuns Welt ein. Richtig vertraut wurde er mir aber erst, seitdem er sich zu Hause in seinem eigenen Zeichen Fische befindet und von dort in den letzten drei Jahren ein Quadrat zu meiner Sonne im Zwillinge-Zeichen bildete. In dieser Zeit erlebte ich vieles, was man unter einem Neptun-Transit eben so alles erlebt: Ich wurde fantasievoller und kreativer, aber auch vergesslicher. Mein Denken und Sprechen verlangsamten sich, um sich im nächsten Moment wieder zu beschleunigen, wenn mich mal wieder eine Inspiration umfing oder Worte sich in mir so schnell formten, dass ich kaum mit Schreiben nachkam. Ich wurde sensitiver und meine Intuition noch ausgeprägter. Manchmal sah ich meinen zukünftigen Weg ganz klar vor mir, ich spürte, wohin das Leben mich führen würde, dann war alles wieder unklar und verworren.

Als dann Neptun sich anschickte, zum dritten und letzten Mal meine Sonne zu transitieren, brach ich mir im Herbst 2013 meinen linken Fuss. Normalerweise wird Neptun nicht mit Unfällen oder Brüchen in Verbindung gebracht, das ist eher das Terrain von Uranus. Doch dieses Ereignis schickte mich auf eine Reise, die durch und durch von Neptuns Energie durchwoben war. Ich erlebte diesen geheimnisvollen Archetypen quasi mit Haut und Haaren. Was mir widerfuhr, kam mir vor wie eine Art Initiation. Ich hatte das Gefühl, zum zweiten Mal geboren zu werden.

Von dieser neptunischen Reise handelt der erste Teil dieses Buches. Dabei habe ich ihn so aufgebaut, dass jedes Kapitel eine typische Neptun-Entsprechung behandelt, zu der ich meine Erlebnisse und ihre Bedeutung für meinen persönlichen Prozess schildere. Im zweiten Teil widme ich mich dem aktuellen Transit von Neptun in den Fischen und entwerfe Szenarien, wie dieser bedeutende Aspekt unser kollektives Bewusstsein in den nächsten Jahren prägen dürfte. Im Anschluss daran habe ich die wichtigsten Facetten von Neptun als Radix-Planet – seine Hausstellung und die Aspekte zu den Planeten – sowie als Transit für Sie zusammengestellt.

Alexandra Klinghammer

Teil 1

Eine Reise in Neptuns Reich

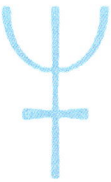

Träume

*Gehe vertrauensvoll in die
Richtung deiner Träume!
Führe das Leben, das du dir
vorgestellt hast. Wenn du dein
Leben vereinfachst, werden
auch die Gesetze des Lebens
einfacher.*

Henry David Thoreau

Ich betrete eine grosse Halle mit weiss getünchten Wänden und hohen Fenstern, die den Raum in ein helles Licht tauchen. Ein Mann und eine Frau mittleren Alters warten bereits auf mich und nehmen mich freundlich in Empfang. Die Frau hat eine zierliche Gestalt, lange hellbraune Haare und eine sanfte Ausstrahlung. Auch der Mann an ihrer Seite strahlt viel Ruhe und Gelassenheit aus. Die beiden begleiten mich zu einer Rolltreppe, auf der wir in den unteren Stock des Gebäudes gelangen. Ich bin zu Besuch in einem spirituellen Center, eine kleine religiöse Gemeinschaft, über die ich für eine Tageszeitung einen Bericht schreiben soll. Schnell wird mir klar, warum mir diese beiden Menschen zur Seite gestellt wurden, um mich durch die Räumlichkeiten zu führen und meine Fragen zu beantworten. Sie wirken alles andere als weltfremd, sind aufgeschlossen, kommunikativ und zugewandt. Der Rundgang beginnt. Plötzlich bin ich mit der Frau alleine. Und nun erkenne ich sie. Es ist ja Sylvia, meine liebe Kollegin. Wie wir so durch die Räume gehen, erzählt sie mir, dass sie das letzte halbe Jahr eine Auszeit genommen und sich für die Zeit in dieses Center zurückgezogen hat. Sie zeigt mir den Meditationsraum, in dem sie in den vergangenen Wochen und Monaten viele Stunden verbracht hat. Bei ihren Worten spüre ich, wie mich eine Woge der Sehnsucht durchflutet. Wenn ich könnte, dann würde ich genau das jetzt tun: eine Auszeit von sechs Monaten nehmen.

Mittlerweile sind wir im Fitnessraum des Centers angelangt. Die Geräte wirken verwaist. Auch Sylvia durchquert den Raum zügig, ohne viele Worte zu verlieren. Ich denke bei mir: Wenn ich hier wäre, wäre ich wohl jeden Tag in diesem Raum. Meditieren und Sporttreiben, was für eine wunderbare Kombination! Der Weg führt uns weiter nach draussen in den Obst- und Gemüsegarten. Am Horizont erscheint die Silhouette einer mittelgrossen Stadt, aber sie ist nicht so weit entfernt, dass man von dem Treiben, das dort herrscht, nichts mitbekommt. Sylvia deutet mir gegenüber an, dass es nun Zeit für sie sei, wieder in die Welt hinauszugehen. Ich deute auf die Stadt, die zu unseren Füssen liegt. Doch sie schüttelt nur den Kopf und erklärt mir, dass sie einen Ort suche, wo sie ganz in der Welt sein und zugleich ganz ihren Rhythmus leben könne. Ich sehe sie an und denke nur: Genau das ist der optimale Lebensentwurf.

Als ich aufwachte, war ich noch ganz umhüllt von dieser warmen, friedlichen Atmosphäre. Ich konnte mich nicht erinnern, wann ich das letzte Mal so einen wundervollen Traum geträumt hatte. Das Traumgeschehen versetzte mich in einen angenehmen, ruhigen Gemütszustand. So blieb ich noch eine Weile liegen und liess die Bilder in mir nachklingen.

Langsam schälte ich mich aus dem Bett, stieg die Treppen zur Küche hoch, um das Frühstück für meinen Mann Claude und mich zuzubereiten. Es war der 24. November 2013, ein Sonntag. Ein freier Tag lag vor mir, den ich mir nach Lust und Laune gestalten wollte. In den letzten Wochen hatte ich nicht viel Zeit für mich gehabt. Ich war beruflich ziemlich eingespannt, auch die Wochenenden waren mit Arbeit oder Terminen meist ausgefüllt. Doch dies lag nun hinter mir. Schon lange freute ich mich auf diese Zeit, die ich mir reserviert hatte, um ein neues Buch fertigzustellen. Das Manuskript lag seit dem Sommer in meiner Schublade und wartete nur darauf, vollendet zu werden. Nach dem Frühstück fuhr ich kurz den Computer hoch, um zu überprüfen, ob mit unserer Internetseite alles im grünen Bereich lag. Am Tag zuvor gab es einen Totalausfall, was besonders ärgerlich war, da wir nur Stunden zuvor einen Newsletter unserer Firma Astrodata mit Spezialangeboten für unsere Kunden verschickt hatten. Doch aus unerfindlichen Gründen gelang es mir nicht, mich anzumelden, obwohl mein Login, also Passwort und Benutzername, korrekt war. Ich versuchte es ein zweites Mal. Wieder erschien die Meldung auf dem Bildschirm: «Ihr Anmeldeversuch ist fehlgeschlagen». Dann probierte ich es mit meinem alten Login, doch auch dieses Mal ohne Erfolg. Nervosität machte sich in mir breit, die noch zunahm, als das Login von Claude ebenfalls nicht funktionierte. Und auch ein dritter Anmeldeversuch mit einem anderen Login schlug fehl. Also versuchte ich es an einem anderen PC, ging die Stufen hinunter zu Claudes Büro und absolvierte das gleiche Szenario an seinem Computer. Die gleichen Fehlermeldungen schienen auch hier auf. Erst beim vierten Mal gelang es mir schliesslich, mich einzuloggen und erfolgreich eine Testbestellung aufzugeben. Ich atmete auf und stieg die Treppe wieder hinauf. Kaum in der Mitte angelangt, hörte ich plötzlich ein seltsames Geräusch. Es war eines dieser typischen Laute, die Computer von sich geben, wenn sie einen Systemfehler melden. Unmittelbar eilte ich die Treppe wieder hinunter. Auf der Höhe der letzten Stufe machte ich eine halbe Drehung nach links, um anschliessend direkt in Richtung Computer steuern zu können. Doch anstatt schwungvoll, aber sicher auf dem Boden zu landen, schlug ich mit meinem linken Fuss ziemlich hart auf dem Teppich auf. Da ich unglücklich aufkam, knickte ich mit dem Fuss zu allem Überdruss auch noch zur linken Seite weg. Ärger kroch in mir hoch. Warum bin ich nur in diese Hektik verfallen? Warum konnte ich nicht ruhig und zentriert bleiben? So ein Mist. Mein lang ersehnter freier Tag war wohl jetzt ziemlich im Eimer. Zum Glück beruhigte ich mich schnell wieder, legte eine meiner Lieblings-CDs auf und verwöhnte meinen lädierten Fuss mit einer Energiemassage. Obwohl der Fuss ein paar Stunden später bereits recht angeschwollen war und ich ihn beim Gehen nicht mehr richtig belasten konnte, fühlte er sich am Nachmittag schon besser an. Wahrscheinlich hatte ich mir den Fuss nur stark verstaucht. In einer Woche dürfte die Schwellung wieder abgeklungen sein, dachte ich bei mir. Ich versuchte, das Ganze als eine Aufforderung zur Achtsamkeit zu betrachten, und war froh, dass nichts Schlimmeres passiert war.

«Pah!», fuhr es aus ihm heraus, «Pah!». Was soll denn das?, dachte ich. Was will er mir denn damit rüberbringen? Dann heftete mein Arzt die beiden Röntgenbilder auf den Leuchtkasten an der Wand und deutete auf den Mittelfussknochen meines linken kleinen

Zehs. Der Bruch war so markant, dass ich ihn von meinem Stuhl aus mehreren Metern Entfernung ohne Schwierigkeit erkennen konnte.

«Also, das hätte ich jetzt nicht gedacht, ich bin wirklich überrascht.» Aus der Reaktion meines Hausarztes schloss ich, dass es offensichtlich sehr ungewöhnlich war, dass jemand angesichts eines so heftigen Bruchs überhaupt keine Schmerzen empfand. Die Röntgenbilder hatte er nur zur Sicherheit gemacht, da der Fuss mittlerweile doch sehr blau und geschwollen war. Aber er hatte wohl nicht erwartet, was er dann schwarz auf weiss vor sich sah. Ich auch nicht. Normalerweise hätte ich meinen Arzt auch gar nicht aufgesucht, sondern dem Fuss einfach seine Zeit der Heilung gelassen. Aber dann dachte ich, dass es vielleicht doch besser sei, ihn untersuchen zu lassen. Nur zur Sicherheit, falls es irgendwann später einmal zu Komplikationen kommen würde und ich gegenüber meiner Unfallversicherung ein ärztliches Zeugnis bräuchte.

«Wie lange muss ich denn den Fuss schonen?», fragte ich ihn, «und bekomme ich einen Gips?» – «Nein, der Fuss muss wohl operiert werden», erwiderte er.

Das darf doch nicht wahr sein!, fuhr es mir durch den Kopf. Ich hatte vor der Aufnahme der Röntgenbilder zwar so ein mulmiges Gefühl, das einen beschleichen kann, wenn man spürt, dass etwas nicht in Ordnung ist. Aber gleich eine Operation, gleich das Worst-Case-Szenario, das hatte ich nie und nimmer erwartet. Noch am selben Abend wurde ich im Krankenhaus mit dem Nötigsten bis zur Operation versorgt: zwei Gehkrücken, einem schwarzer Gehschuh, Schmerzmittel für alle Fälle und einem Thrombosemittel.

Wieder zurück zu Hause, konnte ich es immer noch nicht fassen. Ich war frustriert und fühlte mich niedergeschlagen. Das Ganze wirkte so irreal. Was hatte das alles nur für einen Sinn? Plötzlich fiel mir das Buch ERINNERUNGEN, TRÄUME, GEDANKEN von C. G. Jung ein. Es ist eines der wunderbarsten und weisesten Bücher, die ich je gelesen habe. Jung verfasste es kurz vor seinem Tod. In ihm hält er Rückschau auf sein Leben, sein Werk und seine Erkenntnisse. An einer Stelle, ziemlich gegen Ende des Buches, schildert er, wie er sich im Alter von 68 Jahren seinen Fuss brach und im Anschluss einen Herzinfarkt erlitt. In diesem Zustand, als sein Leben an einem seidenen Faden hing, erlebte er eine Nahtoderfahrung, die zu dem eindrücklichsten Erlebnis seines Lebens werden und tiefe Spuren in ihm und auf seinem weiteren Lebensweg hinterlassen sollte. Nicht nur entstanden viele seiner wichtigsten Werke erst im Anschluss an dieses Ereignis, es lehrte ihn auch viel über die tiefere Bedeutung des Lebens; besonders, wie wichtig ein unbedingtes Ja dem Leben gegenüber ist, vor allem, wenn Unbegreifliches geschieht.

Ich zog das Buch aus dem Regal, machte mich in Richtung Bett auf, stopfte mir mehrere Kissen hinter meinen Rücken und unter meinen Fuss und begann zu lesen. Jungs Worte wirkten wie Balsam auf mich. Sie berührten mich tief. Je mehr ich sie auf mich wirken liess und mir meine Situation vergegenwärtigte, desto mehr erkannte ich Neptuns Handschrift im Ganzen. Stand Neptun nicht genau für die Qualitäten, die Jung da in seinem Buch beschrieb, nämlich Akzeptanz und Vertrauen? Darum ging es doch jetzt auch bei mir. Könnte es nicht sein, dass die Verletzung meines Fusses eine Einladung an mich war, diese Qualitäten stärker in mein Leben zu integrieren? Denn der Fuss war ja schliesslich auch ein Symbol für Neptun (Fische).

Diese Erkenntnis beruhigte mich, liess meine Ängste und Befürchtungen für einen Moment in den Hintergrund treten. Dann fiel mir der Traum von vorletzter Nacht wieder ein, der von viel Zeit, Ruhe und Musse handelte und dem Wunsch, den Alltag einmal für längere Zeit hinter mir zu lassen. Moment mal: Traum, Wunsch, Auszeit? Waren das nicht allesamt ebenfalls Neptun-Entsprechungen? – Natürlich! Ganz offensichtlich war ich unvermittelt in einen neptunischen Prozess geraten, dämmerte es mir. Auf einmal bekam alles Sinn. Im Grunde hielt der Traum ja schon die entsprechende Botschaft für mich bereit. Es war jetzt ganz offenbar nicht der Moment für ein neues Projekt, so aufregend und spannend es auch wäre. Nein, jetzt war es Zeit für eine Auszeit!

Aber musste dies gerade mit einer Operation verbunden sein? Das war nun wirklich nicht das, was ich mir «erträumt» hatte, begann ich mit meiner Situation zu hadern. Doch wenn ich ehrlich war: Eine längere Auszeit ohne einen triftigen Grund hätte ich mir bestimmt nicht einfach so zugestanden. Und wenn ich es mir recht

17

überlegte, dann war der Unfall ja eigentlich eine elegante Art, mich aus den alltäglichen Pflichten und Verpflichtungen herauszukatapultieren und mir ohne schlechtes Gewissen einen Aufenthalt in Neptuns Sphären zuzugestehen.

Ich sollte also operiert werden, in den kommenden drei bis vier Tagen. Der genaue Termin würde mir schon bald bekannt gegeben. Aus Sicht der Ärzte gab es keine Alternative, ausser, wenn ich riskieren wollte, nicht mehr richtig gehen zu können oder dann nur unter Schmerzen. Die Diagnose war aus schulmedizinischer Sicht eindeutig. Während ich versuchte, mich ins Unvermeidliche zu schicken, liess mich jedoch das Gefühl nicht los, dass es auch ohne Operation gehe würde. Von Anfang an war da diese innere Stimme, die mir sagte, dass es mein Fuss auch ohne Operation schaffen würde, gesund zu werden. Doch Zweifel blieben. Die Angst, womöglich eine falsche Entscheidung zu treffen und dauerhaft mit einem Handicap zu leben, war zu gross, um freimütig allein meiner Intuition die Zügel zu überlassen. Ich fühlte mich hin- und hergerissen. Doch ich musste mich entscheiden, es führte kein Weg daran vorbei. Es gab in dieser Situation nur ein Entweder-oder. Vorerst jedenfalls. Sollte ich meiner Vernunft und dem Rat der Ärzte folgen oder meiner inneren Stimme vertrauen? Ich wusste es einfach nicht. Normalerweise höre ich im Zweifelsfall immer auf mein Bauchgefühl. Aber das hier war ein heisses Eisen. Entschied ich mich falsch, waren die Folgen womöglich nur schwer zu reparieren. Zum Glück konnte ich den Operationstermin, der mir inzwischen vorgeschlagen worden war, erst einmal canceln.

Das verschaffte mir vorerst etwas Luft und Ruhe und sollte sich im Nachhinein als goldrichtig erweisen. Denn was ich in den kommenden Tagen erleben sollte, gehört zum Mysteriösesten und Unglaublichsten, was ich je erfahren habe. Es half mir schliesslich, eine für mich stimmige Lösung zu finden. Doch kann ich eigentlich nicht sagen, dass «ich» die Lösung gefunden hätte, vielmehr kommt es mir so vor, als ob mich eine tiefe innere Weisheit durch diesen Prozess führte. Denn vor und nach dem Unfall geschahen Dinge, die höchst bemerkenswert waren und die mir zeigten, dass sich gerade etwas sehr Bedeutsames in meinem Leben abspielte.

Es begann damit, dass ich in der Woche vor meinem Unfall zweimal in kurzem Abstand von Hajo träumte. Hajo war ein sehr bekannter Tarot-Experte und Astrologe und ein langjähriger Freund und Kollege gewesen. Vor einigen Jahren starb er ganz plötzlich und unerwartet nach einer Operation. Ich kann mich nicht mehr daran erinnern, was der Inhalt der Träume gewesen war. Lebendig ist mir nur das Gefühl der Beunruhigung geblieben, welches vor allem der zweite Traum in mir hinterliess. Ich konnte mir damals auf das Geschehen beim besten Willen keinen Reim machen. Auch deshalb nicht, weil ich mich nicht erinnere, Ähnliches schon einmal erlebt zu haben. Für gewöhnlich träume ich nicht von Verstorbenen. Und nun geschah dies gleich zwei Mal hintereinander. Was hatte das zu bedeuten? War das ein Hinweis, gar eine Warnung an mich, mich besser keiner Operation zu unterziehen? Das erschien mir keineswegs abwegig. Doch genauso gut konnte es sein, dass für mein Unbewusstes der Unfall, der ja erst nach den Träumen erfolgte, bereits Realität war und meine Träume versuchten, mich auf das Kommende irgendwie vorzubereiten. Doch was immer es auch war, was auch immer der Grund sein mochte: Mein Unbewusstes besass offensichtlich bereits von etwas Kenntnis, das noch gar nicht geschehen war. Wie konnte das sein?

Normalerweise gehen wir davon aus, dass unsere Welt die wirkliche ist und wir des Nachts in eine künstliche gleiten, voller fantastischer Bilder und Möglichkeiten, aber ohne reale Substanz. Wir sind noch weit davon entfernt, das Wesen der Träume ganz zu verstehen, doch ein Stück weit konnten wir es schon entschlüsseln. Wir wissen, dass wir in unseren Träumen die Ereignisse des Tages Revue passieren lassen und verarbeiten, dass sich Dinge, die wir unterdrücken, zurückmelden und dass wir, während wir schlafen, nach Lösungen für Situationen und Probleme suchen. Wie aber unsere Träume eigentlich zustande kommen, wissen wir nicht. Wer oder was lässt uns überhaupt träumen und welche Instanz in uns entscheidet, was und worüber wir träumen?

Der Schlaf und seine Träume gehören immer noch zu einem der grossen Rätsel der Menschheit. Freud, Jung und viele andere Psychologen haben gezeigt, welche enorme Bedeutung Träume für unser Leben haben können, wenn wir ihnen die nötige Aufmerksamkeit und Ehrfurcht entgegenbringen. Sie sind alles andere als ein sinnloses, zufälliges neuronales Blitzgewitter unseres Gehirns. Vor allem in Krisenzeiten oder wenn wir uns in einer wichtigen Lebensphase befinden, tauchen besonders häufig bedeutsame Träume auf. Träumen wir einen wichtigen Traum, spüren wir das daran, dass wir emotional stark ergriffen sind und das Geschehen nach dem Aufwachen noch einige Zeit in uns nachhallt. Grosse Träume umgibt eine besondere Aura, die sich von anderen Träumen abhebt. Man spürt irgendwie instinktiv, dass sich in diesem Moment Wichtiges für einen offenbart.

Bis heute sind unsere Träume ebenso wie unser Schlaf für uns ein Mysterium geblieben. So wissen wir immer noch nicht, warum wir eigentlich schlafen müssen. Ein Drittel unserer Lebenszeit befinden wir uns in einem Zustand, den wir nicht wirklich kennen und nicht wirklich verstehen. Neptun gibt ganz offensichtlich sein Geheimnis nicht so leicht preis. Er lüftet nicht gerne seine Schleier. Das liegt in seiner Natur. Ein anderer Grund ist, dass unsere Kultur keinen Begriff und kein Modell für die Existenz anderer Bewusstseinsebenen jenseits unserer Alltagswirklichkeit besitzt. Die Schlafforschung hat zwar in den letzten Jahren grosse Fortschritte gemacht, aber es kommt mir so vor, als ob wir lediglich einen Eimer Wasser aus einem tiefen See geschöpft hätten. Über das Wasser in dem Eimer wissen wir Bescheid, der Rest bleibt uns nach wie vor verborgen. So tauchen wir jede Nacht in diese mysteriöse Welt ein, ohne wirklich zu wissen, was uns dort erwartet.

Was wir jedoch wissen, ist, dass wir nicht ohne diese Welt sein können. Wir müssen schlafen, ob wir wollen oder nicht. Nach wenig oder schlechtem Schlaf sind wir am Tag bekanntlich unkonzentrierter, fühlen uns unausgeglichener und energielos. Und ganz ohne Schlaf können wir nicht lange überleben. Erst indem wir Nacht für Nacht in diese andere Sphäre eintauchen, die jenseits von Raum und Zeit liegt, sind wir in der Lage, in unserer dreidimensionalen Welt überhaupt zu existieren. Normalerweise gehen wir davon aus, dass unsere Welt real ist und wir des Nachts in eine künstliche Welt gleiten. Doch könnte es sich nicht genau umgekehrt verhalten? Im Schlaf kehren wir in unser eigentliches Sein zurück, während wir uns im Wachbewusstsein in einer Traumwelt bewegen. Den Indern ist die Vorstellung vertraut, dass unsere greifbare, materielle Welt,

Isis und ihre Schleier

die wir als so überaus real und wirklich empfinden, letztlich eine Illusion ist. Maya nennt der Hinduismus diese Täuschung, die alten Ägypter sprachen vom Schleier der Isis.

Doch was real ist und was nicht, ist letztlich eine Frage der Perspektive. Aus der Sicht Saturns sind wir in erster Linie körperliche

Wesen, die eine geistig-seelische Erfahrung machen. Aus der Sicht Neptuns sind wir dagegen in erster Linie spirituelle Wesen, die eine körperliche Erfahrung machen. Die Grenzen, die uns der Körper auferlegt, gelten für Neptun nicht. In seinen Gefilden ist alles möglich. Daher können wir im Traum auch alles sein und alles tun, was uns sonst nicht offensteht. Wir können fliegen, durch Mauern gehen, Orte so schnell wie Gedanken wechseln und vieles mehr. Da Raum und Zeit im Traum aufgehoben sind, existiert auch keine strikte Trennung zwischen Vergangenheit, Gegenwart und Zukunft. Im Wachbewusstsein fliesst die Zeit zwingend in eine Richtung. Was war, ist unwiderruflich vorbei. Was sein wird, ist offen. Die Zukunft ist stets die grosse Unbekannte. Nicht jedoch im Traum. Es gibt viele Berichte von Menschen, die über den Traum etwas erfahren haben, das sie unmöglich auf normalem Weg wissen konnten. Der amerikanische Präsident Abraham Lincoln beispielsweise träumte von seinem unmittelbar bevorstehenden Tod, dem Chemiker August Kekulé erschloss sich, als er eines Tages über seiner Arbeit einnickte, auf diese Weise der Aufbau des Benzol-Moleküls und der Physiker Niels Bohr entdeckte im Traum sein Atommodell. Auffallend häufig handelt es sich bei solchen Wahrträumen entweder um Kreativ- oder Warnträume. War das auch bei mir der Fall? Wiesen mich meine Träume auf etwas hin, dass ich ernst nehmen sollte?

Geheimnisvolle Welten

Das Schönste, was wir erleben
können, ist das Geheimnisvolle.

Albert Einstein

Am Samstag, dem Tag vor meinem Unfall, regnete es in Strömen. Für neun Uhr morgens hatte sich unser Gärtner Martin mit seiner dreiköpfigen Mannschaft angekündigt. Wie jedes Jahr im Spätherbst, mussten unsere Palmen, die unseren Garten im Sommer in ein kleines Paradies verwandeln, in ihr Winterquartier übersiedelt werden. Bei Regen ist diese Arbeit doppelt anstrengend, da die schon schweren Töpfe durch die vollgesogene Erde noch einiges an Gewicht zulegen. Das Wetter konnte wirklich nicht ungünstiger sein. Schon die ganze Nacht hindurch hatte es gestürmt und geregnet.

Ich war gerade mit dem Frühstück fertig, als es an der Türe klingelte. Vor der Haustüre stand Martin mit einer betretenen Miene. «Ja, ich weiss, das Wetter ist …» Doch bevor ich den Satz beenden konnte, purzelte es auch schon aus ihm heraus: «Vor Ihrem Haus ist ein Baum umgestürzt. Sie haben verdammt Glück gehabt! Um ein Haar wäre er geradewegs auf Ihr Dach gefallen.»

Ich schaute ihn verwundert und ungläubig an. «Wissen Sie das noch gar nicht? Haben Sie denn nichts gehört?», fragte er mich. «Nein, gar nichts», erwiderte ich, «es gab keinen Ton, keine Erschütterung, nichts.»

Wenn grosse Bäume umstürzen, löst das in mir immer zwiespältige Gefühle aus. Ich erinnere mich noch gut an den zweiten Weihnachtsfeiertag im Jahr 1999. Damals fegte der Orkan Lothar über das Land und verwüstete Autos, Häuser und ganze Wälder. Auch unsere Strasse war an diesem Tag zwischenzeitlich nicht passierbar, da eine zehn Meter hohe Tanne unseres Nachbarn auf die Fahrbahn gestürzt und diese für mehrere Stunden blockiert hatte. Die Tanne war einst der stolze Wächter dieses Hauses gewesen. Den Dachsims bei Weitem überragend, füllte sie fast den gesamten

Platz des Vorgartens aus und zog mit ihrer majestätischen Gestalt die Blicke der Passanten auf sich. Der entwurzelte Baum kam mir dannzumal wie ein Symbol der Wandlung und des Abschieds vor. Einige Zeit später erfuhren wir, dass nur wenige Wochen nach dem Orkan bei unserer Nachbarin Krebs diagnostiziert worden war, dem sie ein Jahr später erlag.

An all das dachte ich in dem Moment jedoch nur flüchtig. Die Bilder und Erinnerungen drangen zwar kurz in mein Gedächtnis, doch ich hatte keine Zeit, ihnen lange nachzuhängen. Die Arbeit rief, denn angesichts des nassen Wetters durften wir keine Zeit verlieren, wir würden sowieso schon bald völlig durchnässt sein. Also machten wir uns umgehend an die Arbeit. Eine Pflanze nach der anderen wurde auf einen Rollwagen gehoben und anschliessend in das kleine Gewächshaus am Rande des Gartens gefahren, wo sie die nächsten Monate bis zum kommenden Frühling überwintern sollten. Nach und nach füllte sich der Raum. Nach gut zwei Stunden waren wir so gut wie fertig. Nur eine einzige Palme in einem grossen Terracottatopf musste noch versorgt werden. Bis jetzt war alles reibungslos verlaufen. Wir waren sogar überraschend schnell mit der Arbeit vorangekommen, was angesichts des immer glitschiger werdenden Bodens und der vom Dauerregen völlig durchtränkten Töpfe eine Erlösung war. Nun also noch die Palme über die Metallschiene ins Trockene befördern, und dann wäre es geschafft. Die Männer nahmen Anlauf. Doch der Wagen rollte wieder zurück. Also probierten sie es ein zweites Mal. Doch wieder klappte es nicht. Die Pflanze war für die beiden Männer einfach zu schwer. Als der dritte Versuch ebenfalls misslang, wollte ich gerade Martin, der bereits damit beschäftigt war, die Geräte zu versorgen, um Hilfe rufen, da sah ich, wie einem der Männer der Topf plötzlich aus den Händen glitt. Zu spät. Mit einem dumpfen Geräusch rasselte der Topf auf den harten Steinboden. Betretene Gesichter. Zum Glück hatte sich niemand verletzt! Und auch die Pflanze schien keinen Schaden genommen zu haben. Der Topf allerdings war in drei Teile zersprungen und kaum mehr zu flicken. Was für ein eigenartiger Tag, dachte ich bei mir. Erst der Baum und jetzt der Topf. Zwei Brüche so kurz hintereinander, wie seltsam. Dass ich mir dann nicht einmal 24 Stunden später auch noch den linken Fuss brechen sollte, ahnte ich zu diesem Zeitpunkt ja noch nicht.

Doch das war erst der Anfang einer ganzen Reihe von merkwürdigen Ereignissen. In den darauffolgenden Tagen sollte sich eine regelrechte Fülle an Synchronizitäten, also an mysteriösen «Zufällen», ereignen, wie ich sie in diesem Ausmasse noch nie zuvor erlebt hatte. Fast schien es, als ob die äussere Welt – Menschen, Situationen, ja sogar Dinge – mit meinem Inneren auf geheimnisvolle Art verwoben wäre.

Von Synchronizität spricht man, wenn zwei oder mehrere Ereignisse auf eine nicht kausale Weise miteinander in Beziehung stehen, das heisst durch einen gemeinsamen Sinngehalt symbolisch miteinander verbunden sind. Synchronizitäten passieren besonders häufig in Krisenzeiten; dann, wenn wir aus unseren gewohnten Strukturen und Abläufen herauskatapultiert werden und nicht mehr auf das Gewohnte und Vertraute zurückgreifen können. Das Alte ist nicht mehr da oder hat sich überlebt, das Neue ist noch nicht oder nur im Ansatz sichtbar. In diesen sensiblen Momenten ringen wir um Orientierung und Halt, und es scheint so zu sein, dass gerade diese innere Neustrukturierung im Äusseren Resonanzen erzeugt – so, als ob die psychische Energie in die physische Welt hineinwirkt. Nach dieser Vorstellung existiert eine Trennung zwischen belebter und toter Materie nicht wirklich, oder jedenfalls nicht so, wie wir uns das gemeinhin vorstellen.

Drei Tage nach meinem Unfall sollte ich wieder ins Krankenhaus, um mit dem Chirurgen, der mich operieren würde, alles Nötige zu besprechen. Es war ein grauer Novembernachmittag. Die Wolken hingen tief und verdeckten den Blick auf die wunderschöne Bergkulisse, die man bei gutem Wetter während der Fahrt geniessen kann. Claude lenkte den Wagen, während ich auf dem Beifahrersitz in meine Gedanken versunken war. Ich sah dem Treffen mit gemischten Gefühlen entgegen, denn an meinem Eindruck, dass mein Fuss auch ohne Operation gut heilen würde, hatte sich in der Zwischenzeit nichts geändert. Nach zehn Minuten Autofahrt passierten wir den Ortseingang. Bevor wir in den ersten Kreisel einbogen, aus dem die Strasse hinauf zum Krankenhaus auf einem der Hügel führte, fiel mein Blick auf ein grosses Plakat am Rande der Strasse. Eigentlich war es völlig uninteressant. Und unter normalen Umständen hätte ich es wahrscheinlich komplett ignoriert. Es bestand praktisch nur aus einem Wort, genauer gesagt aus einer Internetadresse. Was hier beworben wurde, ging aus dem Schriftzug nicht klar hervor. Dennoch zog es meine Aufmerksamkeit auf sich. Denn in grossen Lettern stand da schwungvoll geschrieben: «Break.ch». Ich musste schmunzeln. Brüche schienen mich anscheinend zurzeit auf Schritt und Tritt zu verfolgen. Ich fuhr diese Strasse nun schon mehr als 20 Jahre entlang. Ich benutzte sie, wenn ich zum Einkaufen fuhr, zur Kontrolluntersuchung

zu meiner Augenärztin ging oder eine Freundin besuchte. Doch diese Werbung hatte ich noch nie gesehen, und das Plakat ist seitdem auch nicht wieder neu oder in anderer Form aufgeklebt worden.

War das schon mysteriös, versetzte mich das, was anschliessend passierte, vollends in Erstaunen. Nach drei Minuten erreichten wir die Einfahrt zum Krankenhaus. Claude steuerte den Wagen den schmalen Weg geradewegs zum Haupteingang hinunter, um mir den Fussmarsch vom Parkplatz zu ersparen. Gerade als wir auf das Portal zufuhren, sah ich einen Mann aus dem Eingang treten. Er ging an Krücken, einen Fuss in eine Gehschiene verpackt. Irgendwie kam mir der Mann bekannt vor, doch er war zu weit weg, als dass ich ihn hätte erkennen können. Claude stoppte den Wagen und stieg aus. Noch bevor er die Fahrertür ins Schloss fallen liess, hörte ich ihn schon rufen: «Guten Tag Herr Siebert!» Ich traute meinen Ohren nicht. Was hatte er da gerade gesagt? Wen hatte er da soeben begrüsst? Kein Wunder, dass der Mann am Eingang mir so bekannt vorgekommen war. Es war Roman Siebert, der Mann, dem am letzten Wochenende der Terracottatopf aus der Hand gerutscht war. Ich schälte mich so schnell es ging aus dem Beifahrersitz. Noch während ich um das Auto humpelte und auf den Eingang zusteuerte, rief ich ihm schon zu: «Ja Herr Siebert, was machen Sie denn hier?» Er war offensichtlich ebenso perplex wie ich. Denn statt zu antworten, richtete er nur die gleichen Worte an mich: «Ja und was machen Sie hier?»

Wie wir so voreinander standen, er auf seine beiden Krücken gestützt, ich meinen Fuss in den grossen schwarzen orthopädischen Schuh verpackt, mussten wir beide ob dieses merkwürdigen «Zufalls» unvermittelt lachen. Vergessen waren für einen Moment alle Sorgen und Beschwerlichkeiten.

Mein erster Gedanke war natürlich, dass er sich beim Transport der Palme doch verletzt hatte. Vielleicht hatte er zunächst nichts bemerkt, aber dann später am Tag Schmerzen bekommen, die ihn zum Arzt und anschliessend in dieses Spital geführt hatten. Aber so, wie ich annahm, war es nicht. Es bestand kein Zusammenhang mit dem Vorfall vom letzten Wochenende. Er war hier wegen seiner Ferse, die ihm schon länger Probleme bereitete. Obwohl es also keine direkte Verbindung zu seinem Missgeschick in unserem Garten gab, fand ich die Gleichzeitigkeit der Ereignisse doch frappant. Nicht nur, weil wir beide uns quasi geradewegs an einem Ort in die Arme gelaufen waren, an dem die Wahrscheinlichkeit aufeinanderzutreffen wahrlich nicht gerade übermässig gross war, nein, wir suchten das Spital auch noch wegen dem gleichen Grund auf. Wegen unserer Füsse!

Wir standen noch eine Weile beisammen und tauschten ein paar Worte aus. Dann verschwand er in die feuchte Novemberluft, während ich mich hinunter zur Patientenannahme begab. Ich durchquerte das kleine Foyer und meldete meine Ankunft am Empfangsschalter. Eine freundliche Dame informierte gleich den Arzt und bat mich um einige Minuten Geduld. Dr. Roland würde mich in wenigen Minuten zum Gespräch abholen. Ich setzte mich auf einen der vielen leeren Stühle, die zusammen mit ein paar Tischen in einer Ecke zu einem kleinen Wartebereich arrangiert waren. Vor mir auf dem Tisch lag nur eine einzige Zeitung. Es war die aktuelle Ausgabe des Lokalanzeigers. Die Zeitung berichtete auf Seite eins ausführlich über die aktuellen Schwierigkeiten, in denen sich das Spital zurzeit befand. Doch dies interessierte mich im diesem Moment nur am Rande. Was meine Aufmerksamkeit dagegen fesselte, war die Überschrift des Frontartikels, die mir regelrecht ins Auge sprang. «Zurück auf Start» stand da in fetten Lettern geschrieben. Na so was! Das war ja die gleiche Redewendung, die ich gerade erst in einem meiner Artikel verwendet hatte. Wie merkwürdig. Ich benutze diese Redewendung sonst nie. In dem kürzlich erschienenen Artikel hatte ich beschrieben, wie es ist, wenn man von einer Minute auf die andere plötzlich aus vertrauten Bahnen hinauskatapultiert und vor völlig neue Tatsachen gestellt wird. So, wie wenn man «zurück auf Start» gesetzt wird eben. Ehrlich gesagt, fühlte ich mich in diesem Augenblick genau so.

Hört sich schwer nach Uranus an. Genau. Und wenig erstaunlich, hatte der natürlich auch seine Finger bei meinem Unfall im Spiel: Als dieser passierte, bildete gerade der laufende Mars eine Konjunktion mit meinem Radix-Uranus am Aszendenten. Die klassische Unfallkonstellation also.

Dr. Roland riss mich aus meinen Gedanken. Er war einer der vielen deutschen Ärzte und Ärztinnen, die seit einigen Jahren in Schweizer Spitälern arbeiten. Er führte mich in einen kleinen Besprechungsraum, wo wir an einem Tisch Platz nahmen. Er kam sofort zur Sache. «Sie kennen die Bilder?» Dabei deutete er auf die Röntgenaufnahmen, die vor uns auf dem Tisch ausgebreitet lagen. Ich nickte. «Wie haben Sie denn das gemacht?» Er schien sichtlich erstaunt. Offenbar kamen solche Brüche nicht allzu häufig vor, schloss ich aus seiner Reaktion. Ich erzählte ihm, wie es zu dem Unfall gekommen war und auch, dass ich nicht sicher sei, ob ich mich operieren lassen wollte. Er konnte mit meinen Überlegungen offensichtlich wenig anfangen. Denn für ihn war klar, dass angesichts dieses schwierigen Bruchs eine Operation unumgänglich war. Dennoch insistierte er nicht, sondern erläuterte mir ruhig und sachlich die Folgen, die höchstwahrscheinlich eintreten würden, wenn ich mich nicht einer Operation unterziehen würde. Die beiden Knochenenden des linken kleinen Zehs könnten aufgrund des ungünstigen Bruches nicht mehr zueinander finden, sodass sich infolge ein Pseudogelenk ausbilden würde. Schmerzen und Behinderungen beim Gehen, voraussichtlich ein Leben lang, wären die Folge. Alles andere als erfreuliche Aussichten also. Eigenartig nur, warum ich bis jetzt überhaupt gar keine Schmerzen empfunden hatte. Ausser einem kurzen Stechen in der ersten Nacht nach dem Unfall spürte ich überhaupt nichts. Ich fragte den Arzt, wie das möglich sei. «Der Schmerz wird noch einsetzen, sobald der Fuss abschwillt», klärte er mich auf. Aha, dachte ich bei mir. Aber so recht dran glauben mochte ich nicht.

Am Ende verblieben wir so, dass ich mich in den nächsten Tagen bei ihm melde und ihm meinen Entschluss pro oder contra OP mitteilen würde. Als wir uns voneinander verabschiedeten, hatte ich den Eindruck, dass er im Stillen bei sich dachte: «Hoffentlich trifft sie bloss die richtige Entscheidung.»

Ich humpelte zurück ins Foyer.

«Sie können ja schon wieder laufen», drang eine Stimme an mein Ohr. Sie stammte von der netten Dame am Empfang. «Ja, nicht wahr», erwiderte ich nicht ohne Stolz. Ich drehte mich zu ihr um und steuerte auf das Glashäuschen zu. «Wären sie so nett, mir ein Taxi zu rufen?» Da Claude wegen eines Termins verhindert war, brauchte ich für die Rückfahrt eine andere Fahrgelegenheit. «Das wird nicht nötig sein. Meine Tochter besucht gerade ihren Vater. Mein Mann wurde vorgestern hier operiert. Wenn Sie wollen, können Sie mit ihr fahren. Sie fährt in Ihre Richtung. Sehen Sie, da kommt sie schon».

Ich war baff. Ich kannte diese Frau gerade ein paar Minuten. Wir hatten lediglich ein paar Worte gewechselt. Doch auch ihrer Tochter schien nichts selbstverständlicher zu sein, als eine wildfremde Frau in ihrem Auto zu befördern. Jedenfalls willigte sie sofort ein. Sie war so gegen Ende zwanzig und stand kurz vor der Geburt ihres ersten Kindes. Als wir aus dem Hauptportal traten, hatte es bereits zu dämmern begonnen. Wir stiegen in ihr kleines Auto, das sie auf einem der Parkplätze des Spitals abgestellt hatte, und fuhren los. Sie war ein kumpelhafter, herzlicher Typ und alles andere als auf den Mund gefallen. Wahrscheinlich war das der Grund, warum ich sie unumwunden fragte, wann es denn so weit sei und ob es ein Mädchen oder ein Junge würde.

«Es ist ein Mädchen. Aber das weiss ausser meinem Mann, mir und jetzt Ihnen keiner.» – «Wie bitte? Aber wenn es niemand wissen soll, warum haben Sie es mir dann verraten?» – «Weil Sie mich danach gefragt haben», antwortete sie ohne zu zögern. «Nun, andere haben sich doch bestimmt auch schon erkundigt», gab ich meiner Verwunderung Ausdruck. «Natürlich, aber aus irgendeinem Grund habe ich Ihnen das jetzt erzählt.»

Dann wechselten wir das Thema und unterhielten uns den Rest der Fahrt über andere Dinge. Als wir nach zehn Minuten den Eingang unseres Dorfes passierten, bot ich ihr an, mich am Bahnhof abzusetzen, wo ich den Bus nach Hause nehmen könnte. «Nein, nein, das ist doch keine Sache. Ich bringe Sie direkt heim», wandte sie ein. Ein paar Minuten später parkte sie das Auto vor unserem

Haus. Ich wünschte ihr zum Abschied alles Gute für die Geburt. Da sie ganz in der Nähe wohnte, würde man sich sicher bei Gelegenheit einmal wiedersehen.

«Toi, toi, toi für Ihre Operation. Das kommt schon gut», rief sie mir beim Aussteigen noch nach. Als ich die Treppen hinunter zum Haus lief, konnte ich mich des Eindrucks nicht erwehren, dass ich selbst mich gerade mitten in einem Geburtsprozess befand.

Magisches Wasser

Was wir wissen, ist ein Tropfen,
was wir nicht wissen, ein
Ozean.

Isaac Newton

Am nächsten Tag überlegte ich mir, wie ich den Heilungsprozess meines Fusses auf eigene Weise unterstützen konnte. Natürlich wollte ich damit meinem Fuss etwas Gutes tun, aber ich hoffte insgeheim auch, dass durch meine Massnahmen eine Operation vielleicht überflüssig würde oder dass sich wenigstens Zeichen einer Besserung einstellten, die mir auf diese Weise eine Entscheidung erleichtern würden.

Als Erstes nahm ich aus einer Schreibtischschublade ein weisses DIN-A4-Blatt, faltete es zwei Mal der Länge nach und schrieb auf den Zettel das Wort «Heilung». Anschliessend ging ich in die Küche und besorgte mir eine kleine Glaskaraffe, die ich mit Leitungswasser füllte. Dann stellte ich die Karaffe auf den Zettel mit dem geschriebenen Wort und liess es so eine halbe Stunde stehen. Die Idee war, das Wasser auf diese Weise mit der gewünschten Botschaft zu laden und anschliessend meine Zellen mit dem informierten Wasser zu versorgen, um meine Selbstheilungskräfte zu mobilisieren. Um sicherzustellen, dass das Wasser seine Wirkung auch tatsächlich entfalten würde, wiederholte ich den Vorgang tagtäglich, wobei ich jeweils das Wasser über den ganzen Tag verteilt trank. Ich hatte mit dieser Methode schon früher gute Erfahrungen gemacht und sogar kleine Heilerfolge erzielt. Daher lag es für mich nahe, es auch jetzt wieder zu versuchen.

Seitdem Neptun ein Quadrat zu meiner Sonne bildete, habe ich zu Wasser generell einen stärkeren Bezug entwickelt. So erlebe ich das Schwimmen im See oder im Meer heute viel intensiver als früher. Auch fasziniert mich Wasser als Element ungemein. Es birgt immer noch viele Geheimnisse, die wir erst langsam verstehen. Vieles am Wasser ist rätselhaft. Es zieht sich beispielsweise bei Kälte nicht

wie andere Stoffe zusammen, sondern dehnt sich aus. Dadurch wird es leichter und kann im gefrorenen Zustand als Eis auf einer Wasseroberfläche schwimmen. Wasser ist wohl das geheimnisvollste aller vier Elemente. Nicht nur wegen seiner zahlreichen Anomalien.

Schon seit jeher beeindruckt es durch seine Anpassungs- und Aufnahmefähigkeit. Zudem besitzt Wasser ein sehr lebendiges Innenleben. Es reagiert auf alles, womit es in Berührung kommt und was es umgibt – auf elektromagnetische Schwingungen, auf menschliche Gedanken und Gefühle, auf Pflanzen, Steine, auf Musik … eigentlich auf die ganze belebte und unbelebte Welt. Wie sich die Welt im Wasser spiegelt, wurde uns in den letzten Jahren von verschiedenen Wasserforschern eindrücklich vor Augen geführt. Die meisten von Ihnen kennen sicherlich die Wasserkristallbilder des Japaners Masaru Emoto. Von ihm stammt auch die von mir angewandte Methode, das Wasser mit einer Botschaft zu laden. Um herauszufinden, ob Wasser auf unterschiedliche Wörter reagiert,

Wasserkristall

machte Emoto folgenden Versuch: Er füllte Wasser in zwei Glasflaschen ab. Auf die erste Flasche klebte er einen Zettel mit dem Wort «Danke», auf die zweite einen Zettel mit dem Wort «Dummkopf». Während das Wasser aus der ersten Flasche einen wunderschönen, sechseckigen Kristall ausbildete, zeigte der Kristall des Wassers aus der zweiten Flasche eine verzerrte Form – so, als sei er in tausend Stücke zersprungen. Emoto war von dem Ergebnis mehr als überrascht, denn seine Untersuchung zeigte, dass Wasser anscheinend in der Lage ist, Informationen zu lesen und zu speichern.

Wir wissen, dass Wasser sehr aufnahmefähig ist. Es ist eines der besten Lösungsmittel, die wir kennen. Doch wenn Wasser genauso fähig ist, auf geistige Inhalte zu reagieren – denn nichts anderes sind ja Wörter – und anscheinend auch noch deren Bedeutung erfassen kann, eröffnet dies natürlich eine ganz neue Weltsicht. Eine Erklärung dafür, wie das Wasser Informationen speichert, haben wir bislang nicht. Wir sehen nur an den unterschiedlichen Strukturen, die es ausbildet, dass es dies tut. Über diese Bilder haben wir immerhin ein wunderbares Feedbacksystem. Das Wasser kann uns zeigen, was uns guttut und was nicht. Wir selbst bestehen ja zu rund 70 Prozent aus Wasser. Da spielt es natürlich eine Rolle, was wir zu uns nehmen und mit welchen Einflüssen wir uns umgeben. Berg- oder Quellwasser bildet beispielsweise sehr schöne, harmonische Kristalle aus. Das Gleiche gilt für Wasser, dem klassische oder meditative Musik vorgespielt wurde. Röntgenstrahlen dagegen hinterlassen starre, wenig lebendige Strukturen.

Glücklicherweise hält dieser Zustand offenbar aber nicht sehr lange an. Das Wasser scheint in der Lage zu sein, sich schon nach wenigen Augenblicken zu regenerieren. Am Institut für Luft- und Raumfahrtkonstruktionen der Universität Stuttgart, wo man sich intensiv mit der Reaktionsfähigkeit des Wassers auf Schwingungen beschäftigte, wurde vor einigen Jahren ein interessanter Versuch durchgeführt: Ein Mitarbeiter des Instituts kam auf die Idee, bei einem Zahnarztbesuch sich selbst Speichelproben zu entnehmen. Und zwar vor, direkt im Anschluss sowie zwei Minuten nach einer Röntgenaufnahme. Zurück im Institut, untersuchte er die Proben auf ihr Erscheinungsbild. Die Bilder zeigten, wie sich das Speichelbild unmittelbar nach der Einwirkung der Röntgenstrahlen komplett veränderte, aber auch, dass sich bereits nach zwei Minuten der Speichel wieder seinem ursprünglichen Zustand annäherte.

Einen ähnlichen Versuch hätte ich ebenfalls gerne mit meinem selbst angesetzten Wasser unternommen, mit dem Unterschied, dass ich dabei natürlich auf eine positive Wirkung hoffte. Leider bekam ich damals auf die Schnelle kein Dunkelfeldmikroskop, das für die Untersuchung der Proben erforderlich gewesen wäre. Ich hätte mir einfach jeden Tag eine Speichelprobe entnommen, die Flüssigkeit auf einen Objektträger getropft, gewartet, bis sie getrocknet wäre und sie anschliessend unters Mikroskop geschoben. Hätte das Wasser angeschlagen und seine Botschaft überbringen können, hätte sich die Veränderung positiv in den Tropfen und ihrer Struktur niederschlagen müssen. Denn Speichel nach einem akuten Trauma müsste anders aussehen als Speichel im Laufe eines Genesungsprozesses. Doch ohne diese technische Hilfe war es mir unmöglich, meine These zu überprüfen. So blieb mir nichts anderes übrig, als auf die positive Wirkung des Wassers zu vertrauen.

Neben meinem Trinkwasser verfügte ich aber noch über eine andere «Heilquelle». Vor einigen Jahren bekam ich einmal eine Flasche Heilwasser aus der bekannten Odilienquelle im französischen Elsass geschenkt. Die Quelle ist nach der Äbtissin Odilia benannt, die im siebten Jahrhundert lebte und auf dem heutigen Odilienberg ein Kloster gründete. Nach der Legende begegnete Odilia beim Aufstieg auf den Berg einmal einem blinden Bettler. Daraufhin klopfte sie mit einem Stock auf einen Felsen, aus dem sogleich Wasser zu sprudeln begann, womit sie den Mann von seiner Krankheit heilte. Die Quelle gilt entsprechend als besonders hilfreich bei Augenleiden. Dazu ist das Wasser dafür berühmt, seine Frische über Jahre zu behalten. Und tatsächlich. Meine Flasche steht jetzt seit drei Jahren in meinem kleinen Meditationsraum, und das Wasser darin sieht noch genauso klar und lebendig aus wie am ersten Tag. Nichts scheint es trüben zu können – weder Kälte, noch Wärme, noch Licht.

Es zu trinken, empfahl sich nach so langer Zeit dennoch nicht. Daher entschloss ich mich, meinen Fuss hin und wieder in diesem kostbaren Nass zu baden. Dazu liess ich Musik von Hildegard von Bingen laufen, die ich zu dieser Zeit ständig hörte. Die sakrale Musik tat meiner Seele gut, und das Wasserbad war Balsam für meinen Fuss, der sich anschliessend federleicht anfühlte. Danach legte ich mich auf das Sofa und war einfach nur glücklich. Immer noch wusste ich nicht, wie es weitergehen sollte. Eine Entscheidung stand weiterhin aus. Doch was immer auch geschehen mochte, das Eintauchen in Neptuns Welt – in die magische Sphäre des Wassers und der Klänge – war eine Wonne und eine Wohltat. Diese Glücksgefühle stärkten meine Zuversicht, schenkten mir Ruhe und inneren Frieden, auch wenn sie meine Zweifel nicht vollständig auszulöschen vermochten.

Quellen der Heilung

Man kann nur das heilen, was man fühlt.

John Bradshaw

Ein paar Tage nach meinem Besuch im Krankenhaus rief ich Dr. Roland an. Obwohl es mir seelisch sehr gut ging und meine Intuition mir nach wie vor signalisierte, mich nicht operieren zu lassen, fühlte ich mich dennoch ausserstande, bereits jetzt eine endgültige Entscheidung zu treffen. Was wäre, wenn ich mich doch täuschen würde, wenn ich mir aus Angst etwas vormachte? Aus Erfahrung wusste ich zwar, dass meine Intuition in den meisten Fällen Recht behielt. Aber meistens heisst eben nicht immer. Eine hundertprozentige Garantie gab es nicht und würde es niemals geben. Das wusste ich. Sollte ich es trotzdem wagen und das Risiko eingehen, möglicherweise nie mehr richtig laufen zu können? Da alles so offen und unsicher war, wollte ich wenigstens punkto Operationstermin einigermassen Sicherheit. Ich schaltete den Computer ein, öffnete mein Astrologieprogramm und studierte die Konstellationen für die nächsten Tage. Schnell stellte sich heraus, dass es nicht ganz einfach sein würde, einen geeigneten Termin zu finden. Die astrologischen Konstellationen waren zu dieser Zeit nicht gerade «operationsfreundlich» gestimmt. Und den OP-Termin zu lange hinauszögern, sollte ich nach ärztlicher Meinung auch nicht, da dies den Eingriff unnötig komplizieren würde. Schliesslich fand sich doch ein Zeitfenster, und ich notierte mir zwei Daten auf ein Blatt Papier. Dann griff ich zum Telefonhörer, wählte die Nummer des Krankenhauses und liess mich mit Dr. Roland verbinden. Tatsächlich konnte der Arzt mir eine der beiden Daten anbieten, wenn auch nicht genau die von mir favorisierte Zeit. Doch damit konnte ich leben. Bei unserem ersten Gespräch im Krankenhaus hatte ich ihm gegenüber erwähnt, dass ich meinen Fuss vertrauensvoll in seine Hände legen würde, falls ich mich zu einer Operation entschliessen sollte. Er wirkte auf mich sicher und kompetent. Daher gab es für mich keinen Grund, an seinen Fähigkeiten zu zweifeln oder ihm gegenüber irgendwelche Vorbehalte zu hegen. Als er mir nun jedoch eröffnete, dass er mich an dem gewünschten Tag leider nicht selbst operieren könnte, war ich zu meiner Verwunderung dennoch irgendwie erleichtert. Er sei an diesem Tag an einem Kongress, sein Kollege Dr. Frey würde aber die Operation übernehmen, erklärte er mir. Meine Reaktion erstaunte mich. Hoffte ich insgeheim doch noch auf einen anderen Arzt, der mir von einer Operation abraten oder mir wenigstens eine nicht-invasive Methode als echte Alternative vorschlagen würde? So unwahrscheinlich dies im gegenwärtigen Moment auch schien?

Am Abend nach dem Telefongespräch mit Dr. Roland kam Cornelia vorbei, um mir eine energetische Heilbehandlung zu geben. Cornelia ist eine liebe Bekannte von mir. Sie ist eine ausgesprochen sensitive Person und hat darüber hinaus ein riesengrosses Herz. Ihre Achtsamkeit und ihre liebevoll umsorgende Art helfen einem, alles um einen herum zu vergessen und sich vollkommen zu entspannen. In unregelmässigen Abständen lasse ich mir von ihr Reiki oder eine intuitive Fussmassage geben. In den fünf Jahren, die wir uns mittlerweile kennen, haben wir schon die erstaunlichsten Dinge zusammen erlebt. Während den Sitzungen sehen wir nicht selten ähnliche Bilder oder spüren das Gleiche, obwohl wir während den Behandlungen kein Wort miteinander reden und auch keinen Blickkontakt haben. Es ist bekannt, dass solche Phänomene beim Geistigen Heilen vorkommen. Erlebt man es aber selbst, kann man schon Gänsehaut bekommen. Vor allem, wenn man auf diesem Wege wichtige Informationen oder das bislang fehlende Mosaiksteinchen für die Lösung eines Problem erhält.

So geschah es auch einmal an einem Abend im Mai 2013. Ich hatte mir einige Zeit zuvor eine Amalgamfüllung von meinem Zahnarzt entfernen lassen. Um Rückstände des Quecksilbers, die mit der Entfernung der Plombe in meinen Körpern gelangt sein könnten, herauszuschwemmen, nahm ich zur Entgiftung täglich Algentabletten ein. Nach drei Wochen entwickelte ich in meinen Händen arthroseähnliche Symptome. Meine Hände sahen je länger, je mehr wie die einer achtzigjährigen Frau aus, und auch die Haut zwischen den Knochen wurde immer dünner. Dazu gesellte sich später

noch ein Kribbeln im linken Fuss. Ich war ratlos. Ich studierte an allem Möglichen herum, was die Ursache der Beschwerden sein könnte, verzichtete bei den Mahlzeiten auf verschiedene Lebensmittel, um so einer versteckten Nahrungsmittelallergie auf die Spur zu kommen. Doch was ich auch ausprobierte, die Symptome verschwanden nicht. Im Gegenteil, sie wurden immer schlimmer. Bei der besagten Sitzung im Mai erhielt dann Cornelia folgendes Bild: Sie sah einen Zug von Männern, der sich mühsam durch unwirtliches Gelände fortbewegte. Der Boden, durch den sie wateten, war schlammig und schwer. Das Ganze erinnerte sie an Soldaten, die müde und erschöpft durch eine Landschaft marschierten. Ich konnte mit diesem Bild zunächst nichts anfangen. Es sagte mir einfach nichts. Einige Tage später, als ich wieder mal an den Ursachen meiner Beschwerden herumlaborierte, kam mir plötzlich die rettende Idee: Moment mal: Nässe, Schlamm, sumpfiger Boden? Das erinnert doch irgendwie an die Lebensbedingungen von Algen. Vertrug ich vielleicht die Algentabletten nicht? Umgehend setzte ich das Produkt ab, worauf meine Beschwerden tatsächlich nach und nach abklangen. Die Kriegssituation des Bildes blieb mir aber weiterhin ein Rätsel.

Doch dann, zehn Tage vor dem vereinbarten OP-Termin, erhielt ich wie aus dem Nichts plötzlich eine Antwort. Draussen war es bereits dunkel geworden. Kerzen tauchten den kleinen Raum, in den Cornelia und ich uns für die Behandlung zurückgezogen hatten, in ein sanftes Licht. Im Hintergrund lief leise Meditationsmusik. Nach und nach glitt ich in eine immer tiefere Entspannung, war aber die ganze Zeit bei vollem Bewusstsein. Die Sitzung war schon fast vorbei, als auf einmal vor meinen geschlossenen Lidern ein glasklares Bild erschien. Ich sah, wie durch das Unterholz eines Waldes drei Männer in Uniform streiften. Der Himmel war wolkenverhangen, und das graue Licht, das durch die Baumwipfel fiel, verlieh der Szene eine kalte, unwirtliche Atmosphäre. Plötzlich hörte ich, wie Schüsse fielen. Zwei der Männer flüchteten daraufhin tiefer in den Wald, um der Gefahr zu entgehen. Der dritte jedoch blieb unvermittelt stehen. Im selben Moment, in dem er sich auf seinem linken Fuss umdrehte, um zu sehen, aus welcher Richtung die Schüsse abgefeuert wurden, traf ihn eine Kugel. Einer der

Männer, der den Vorfall bemerkte, lief darauf zu dem Verwundeten zurück, doch konnte er dem Schwerverletzten nicht mehr helfen. Plötzlich realisierte ich, dass es sich bei dem sterbenden Soldaten um meinen Grossvater handelte. Mein Grossvater väterlicherseits war aus dem Zweiten Weltkrieg nicht mehr nach Hause zurückgekehrt. Was ihm widerfuhr, konnte nie genau geklärt werden. Man wusste nur, dass er nach einem Gefecht in Rumänien unauffindbar blieb. Daher wurde er von meiner Familie nach dem Krieg als vermisst erklärt. So wuchs mein Vater als Halbwaise auf, der, als mein Grossvater starb, noch ein Baby war. Ich kannte also meinen Opa nur von Bildern und den Erzählungen meiner Grossmutter. Aufgrund der Umstände war er mir immer sehr fern geblieben, und auch in der Familie redeten wir kaum über ihn. Daher war ich über das, was sich da gerade vor meinem inneren Auge abspielte, mehr als überrascht. Doch das galt erst recht für das, was sich als Nächstes ereignen sollte.

Noch ergriffen von dem Geschehen, hörte ich plötzlich eine Stimme. Sie kam nicht von aussen, sondern aus meinem Inneren. Aus ihren Worten schloss ich, dass es die Stimme meines Grossvaters war. Er fragte mich, ob ich meinem Vater etwas ausrichten könnte. Ja, antwortete ich völlig perplex. Da ich normalerweise nicht über einen Draht ins Jenseits verfüge, brauchte ich eine Weile, um zu verstehen, was hier gerade vor sich ging. Bildete ich mir das Ganze nur ein? Ging jetzt meine Fantasie völlig mit mir durch? Doch mein Grossvater schenkte meinen Bedenken keinerlei Beachtung, sondern sprach einfach weiter. «Es war ein Fehler, zum Militär zu gehen. Das habe ich leider zu spät realisiert. Daher bewundere ich, was dein Vater macht. Als Arzt hilft er so vielen Menschen. Ich bin so froh, dass er diesen Weg gewählt hat. Ich bin so stolz auf ihn. Und ich liebe ihn so sehr. Kannst du ihm das bitte von mir ausrichten?» Von Emotionen überwältigt schlug ich die Hände vors Gesicht. Tränen rollten über meine Wangen. Nachdem ich mich wieder beruhigt hatte, gab ich ihm mein Einverständnis. Doch ich hatte so meine Zweifel. Ich konnte mir beim besten Willen nicht vorstellen, dass mein Vater meinen Worten Glauben schenken würde. Doch mein Grossvater blieb hartnäckig. Es sei egal, wie er auf die Botschaft reagieren würde, ob er sie glauben würde oder nicht. Ihm sei einzig und allein wichtig, dass er sie erhielte. Ich versprach, zu tun, was ich konnte. Dann bedankte und verabschiedete er sich.

Die Begegnung mit meinem verstorbenen Grossvater hallte noch lange in mir nach. Ich fühlte mich ihm auf einmal sehr nahe. Immer wieder musste ich an die Szene im Wald und an seine Worte denken. Meinem Grossvater war nur ein kurzes Leben vergönnt gewesen, und dazu noch eines, das von viel Leid und Einsamkeit geprägt war. Bereits in jungen Jahren hatte er Vater und Mutter verloren und wuchs als Vollwaise bei Zieheltern auf. Später ging er zum Militär und wurde Berufssoldat. Ich konnte seine tiefe Traurigkeit, seine Verlassenheit und Verzweiflung regelrecht am eigenen Leibe spüren. Aber ich erlebte auch, wie heilsam es sein kann, solche verschütteten Gefühle zurück aus dem Vergessen zu holen und sie noch einmal zu durchleben. Natürlich schaute ich mir auch sein Horoskop an. Viele Jahre hatte ich keinen Blick mehr darauf geworfen. Über eine Geburtszeit verfügte ich leider nicht, aber nur schon aus dem Tageshoroskop liess sich vieles ziehen. Was mir sofort auffiel, war sein Chiron. Er stand in Fische, und zwar annähernd an der Stelle, wo er sich auch gegenwärtig befand. Wie treffend, dachte ich bei mir, mein Grossvater ist also gerade im Begriff, seine zweite Chiron-Rückkehr zu erleben! Und auch ich hatte das Gefühl, durch einen tiefen Heilungsprozess zu gehen, der weit über mein persönliches Leben hinaus bis zurück zu meinen Ahnen reichte. Doch wenn ich geglaubt hatte, dass damit die Reise an ihr Ende gelangt sei, täuschte ich mich.

Die Tage vergingen. Einen guten Teil davon verbrachte ich liegend auf dem Sofa. Nach und nach begann ich sogar, meine unerwartete Auszeit zu geniessen. Ich las viel, hörte Musik, schaute am Tag in den Garten und des Nachts in den sternenklaren Himmel, den es in diesen Herbsttagen häufig zu bewundern gab. Eines Abends, ich hatte es mir gerade auf dem Sofa bequem gemacht, spürte ich eine innere Unruhe in mir aufkommen. Zunächst bemerkte ich sie nur im linken Bein, doch dann kroch sie hinauf zur Hüfte, schlängelte sich weiter meinen Oberkörper hinauf, bis sie schliesslich meinen ganzen Körper ergriff. Die Unruhe wurde immer stärker. Wie eine Schlange wand ich mich auf dem Sofa hin und her. Meine Hände krallten sich in meine Haare, um im nächsten Moment wild durch mein Gesicht zu fahren. Das Ganze wurde zunehmend anstrengender und kurioser. Doch statt mich zu beruhigen, wurden meine Bewegungen nur noch heftiger. Dazu gesellte sich ein unaufhörlicher Strom an Bildern, der aus fernen, längst verblichenen Epochen stammte. Ich sah eine Frau, gekleidet in eine Robe aus dem achtzehnten Jahrhundert, die aus einer fahrenden Kutsche geworfen wurde, als nächstes eine Sklavin, etwa zur römischen Zeit, die an Ketten gebunden zusammen mit mehreren anderen Menschen zusammengepfercht auf dem Boden lag und höllische Schmerzen erlitt. Ab einem Punkt wollte ich, dass das Ganze nur noch aufhörte. Mir standen mittlerweile die Haare zu Berge und mein Gesicht litt unter der nicht geraden zarten Traktur meiner Hände. Meine Haut fühlte sich trocken und gereizt an. Ich hätte die Bewegungen natürlich jederzeit stoppen können. Doch gleichzeitig wusste ich, dass hier und jetzt gerade etwas Wichtiges mit und in mir passierte. Auch wenn ich nicht ganz genau verstand, was es war, liess ich es dennoch geschehen. Nach einer halben Stunde, mein Körper war immer noch in voller Aktion, verspürte ich auf einmal ein drängendes Bedürfnis, aus voller Kehle zu schreien. Da Claude nebenan schon schlief und ich ihn nicht wecken wollte, stiess ich innerlich mit ganzer Kraft einen gellenden Schrei aus. Dann noch einen und anschliessend noch einen. Augenblicklich hörten die Bewegungen auf und eine tiefe, wunderbare Ruhe umfing mich. In diesem Moment wusste ich: Ich war geheilt!

Woher diese Bilder kamen und was diese Bilder waren, kann ich nicht sagen. Es könnten Ereignisse aus früheren Leben gewesen sein, genauso gut konnte es sich aber um Imaginationen handeln, die meine Psyche produzierte, um das Trauma meines Unfalls zu verarbeiten. Aber das spielte jetzt eh keine Rolle. Das Einzige, was für mich in diesem Moment zählte, war, dass es mir und meinem Fuss ausgezeichnet ging.

Zwei Tage später bekam ich unverhofft die Möglichkeit, meinen Fuss in einer Spezialklinik noch einmal begutachten zu lassen. Es wurden noch mal neue Röntgenaufnahmen gemacht, um die Situation frisch zu beurteilen. Eine junge sympathische Ärztin bat mich anschliessend zum Gespräch. Als die Aufnahmen auf ihrem PC erschienen, konnte ich an ihrem Blick die Diagnose bereits ablesen. Als auch der Oberarzt, den sie kurz telefonisch kontaktierte, um seine Meinung einzuholen, zum gleichen Schluss kam, war die

Sache klar. Sie legte den Hörer auf, wandte sich mir zu und sprach aus, was ich schon ahnte: «Eine Operation ist in Ihrem Fall unbedingt geboten. Wenn Sie wieder richtig und ohne Schmerzen laufen wollen, sollten Sie sich auf jeden Fall operieren lassen.» Rums! Das war's also!

Betrübt und verwirrt fuhr ich nach Hause. Obwohl ich wusste, dass Heilungsprozesse nicht auf allen Ebenen gleichzeitig ablaufen müssen, da der Körper häufig der Seele und dem Geist hinterherhinkt, verstand ich dennoch die Welt nicht mehr. Wie passte das alles nur zusammen? Was war bitteschön der Sinn all der wundersamen Ereignisse, die in den letzten Tagen so viel in mir bewirkt hatten, wenn nun doch kein Weg an einer Operation vorbeiführen sollte? Doch es half nichts. Die Würfel waren gefallen. Nun ging es darum, mich ins Unweigerliche zu schicken. Erst mal auf andere Gedanken bringen, dachte ich mir. Das ist wohl jetzt das Beste. Also begann ich mich um meine Orchideen zu kümmern. Orchideen gehören zu meinen Lieblingsblumen. In der kälteren Jahreszeit bewohnen sie jeweils das Fensterbrett meines Meditationsraumes. Direkt unterhalb des Fenstersimses befindet sich ein längliches Glasregal, auf dem in zwei langen Reihen meine CD-Sammlung steht. Neben Musik und Hörspielen finden sich dort auch Aufnahmen von verschiedenen Vorträgen und Workshops.

Gerade wollte ich den ersten Topf Orchideen von der Fensterbank nehmen und in einen Bottich voller Wasser tauchen, als mein Blick unvermittelt auf eine umgekippte CD am linken Ende des Regals fiel. Wie gebannt schaute ich auf das Cover und glaubte, meinen Augen nicht zu trauen. Darauf stand «Hajo Banzhaf: Weltzeitalter und Bewusstseinswandel. Weltkongress Astrologie 2004». Wie um alle Welt kam diese Aufnahme hierher? Bis vor Kurzem stand hier ein Hörbuch von Matthieu Ricard, dem bekannten Buddhismus-Experten. Isabella, unsere Putzfee, muss wohl kürzlich das Regal gesäubert haben, fuhr es mir durch den Kopf. Und als sie die CDs wieder an ihren Ort zurückstellte, ist wahrscheinlich «zufällig» Hajos Vortrag ans Ende der Reihe geraten. Und wie durch «Zufall» fiel er mir jetzt auch noch quasi direkt vor die Füsse. Dabei wusste ich gar nicht mehr, dass ich die Aufnahme überhaupt besass. Mir lief ein Schauer über den Rücken. Wer hatte hier wohl dieses Mal seine Finger im Spiel? Hajo? Mein Grossvater?

Oder war es wieder eines dieser bedeutungsvollen Ereignisse, von denen es in letzter Zeit so viele gab? In mir keimte wieder etwas Hoffnung auf, die noch zunahm, als ich wenige Stunden später bemerkte, dass mit meinem Fuss eine Veränderung vor sich ging. Etwas war passiert, denn plötzlich konnte ich besser gehen. Zunächst schenkte ich der Veränderung keine grössere Aufmerksamkeit. Er muss ja eh operiert werden, da kommt es jetzt sowieso nicht mehr darauf an … ich bin bestimmt nur unvorsichtiger und laufe einfach drauflos, dachte ich trotzig. Doch bald bemerkte ich, dass dies nicht der Grund sein konnte. Mein Fuss machte tatsächlich Fortschritte, und diese hielten auch in den nächsten Tagen an. Dann, am dritten Tag, überschlugen sich die Ereignisse plötzlich, und alles ging auf einmal sehr schnell.

Am Nachmittag vor dem Vorgespräch zur OP mit Dr. Frey kam noch einmal Cornelia vorbei, um mir eine Reiki-Behandlung zu geben. Es war schon spät am Abend, als sie sich verabschiedete. Dennoch war ich noch nicht müde. Deshalb schnappte ich mir eine Zeitung und setzte mich zum Lesen in einen Sessel. Nach einer Stunde legte ich die Zeitung beiseite und wollte mich langsam Richtung Bett aufmachen. Aber was war das? Vor Verwunderung blieb ich unvermittelt stehen. Dann probierte ich es noch einmal. Es war unglaublich, unfassbar: Ich konnte gehen! Langsam und vorsichtig zwar, aber ich konnte gehen! Eine Woge des Glücks durchflutete mich, und ich fühlte eine unendliche Dankbarkeit.

Am nächsten Morgen dann brach ich zum vereinbarten Termin ins Krankenhaus auf. Das Plakat am Kreisel hing noch und entlockte mir ein Lächeln. Kurz vor elf Uhr meldete ich mich beim Empfang der chirurgischen Abteilung. Man bat mich, noch im Wartezimmer Platz zu nehmen, Dr. Frey würde mich in Kürze abholen. Nach wenigen Minuten erschien im Türrahmen ein grosser Mann in sandfarbenen Hosen und olivgrünem Hemd. Als ich mich erhob und auf ihn zuging, um ihm die Hand zu reichen, bemerkte ich, wie sein Blick ungläubig auf meine Füsse fiel. Ohne Zweifel kannte er bereits meine Röntgenbilder. Daher wunderte er sich wohl, warum ich mich nun in normalem Tempo und ohne Gehstöcke auf ihn zubewegte. Wir gingen hinüber in sein Besprechungszimmer, wo er mich bat, auf einem der beiden Stühle gegenüber seinem Schreibtisch Platz zu nehmen. Ohne grosse Umschweife

kam er sogleich zur Sache, indem er unablässig in sein Tonband diktierte. Zwischendurch schaute er kurz zu mir auf, um sich anschliessend wieder in seinen Bericht zu vertiefen. Auf diese Weise verstrichen ungefähr fünf Minuten, und es wäre wohl noch eine ganze Weile so weitergegangen, wenn ich nicht seinen Redefluss unvermittelt unterbrochen hätte. «Entschuldigen Sie bitte, aber ich möchte mich nicht operieren lassen.» Stille! Er hielt inne und zögerte einen Moment. Dann legte er sein Diktiergerät zur Seite und wandte mir seine volle Aufmerksamkeit zu. Ich erklärte ihm, dass mein Fuss in den letzten Tagen erstaunliche Fortschritte gemacht hätte. Ausserdem hätte mir mein Gefühl von Anfang an geraten, es ohne OP zu probieren.

Vielen Ärzten muss man mit Gefühl und Intuition nicht kommen. Die Medizin ist eine Wissenschaft, keine Glaubenssache. Und da zählen Fakten. Und die waren bei mir ganz und gar eindeutig.

Und doch war da auf einmal ein Arzt, der meine Bedenken ernst nahm und sich die Mühe machte, mich zu verstehen. Er besass auf seine ganz eigene Art eine tiefe Weisheit, wobei das Auffälligste an ihm seine Augen waren. Aus ihnen sprachen, so schien es mir, die reichen Erfahrungen eines Wissenden aus früheren Zeiten.

Damit er sich ein Bild von meinem Fuss machen konnte, bat er mich, aufzustehen und barfuss ein paar Schritte zu gehen.

«Wirklich erstaunlich», bemerkte er, als ich den Raum der Länge nach durchquerte. «Könnten Sie sich bitte auf die Behandlungsliege legen?» Er tastete meinen Fuss nach allen Seiten hin ab, wobei von Tasten eigentlich keine Rede sein konnte, er bog und knetete meinen Fuss regelrecht.

«Tut das weh?», fragte er.

«Nein», antwortete ich.

«Und das?», fragte er, meinen Fuss an anderer Stelle bearbeitend. «Nein», erwiderte ich.

«Und wenn ich hier drücke?» Er sah mich fragend an.

«Nein», war wieder meine Antwort.

«Haben sie denn überhaupt keine Schmerzen?», wollte er verwundert wissen.

«Nein, gar nicht», erklärte ich ihm.

«Wahrlich, es gibt noch Wunder!» Mit diesen Worten schloss er seine Untersuchung ab, und wir gingen wieder hinüber zu seinem Schreibtisch. Dann machte er mir folgendes Angebot:

«Die Röntgenbilder zeigen einen eindeutigen Befund. Aber ich operiere kein Röntgenbild, sondern einen Menschen. Und dass Sie der Operation nicht hundertprozentig zustimmen können, macht die Sache nicht gerade einfacher. Denn wenn der Heilungsprozess nicht so verläuft, wie er sollte, oder wenn plötzlich postoperative Komplikationen auftreten, werden Sie sicher im Nachhinein mit sich hadern und bedauern, nicht auf Ihr Gefühl gehört zu haben … Versprechen kann ich Ihnen selbstverständlich nichts, aber wenn Sie wollen, können wir es auf konventionelle Art versuchen, was bedeutet, dass Sie für die kommenden Wochen weiter tagtäglich den schwarzen orthopädischen Schuh tragen müssen.»

Und ob ich wollte.

Liebe und Vertrauen

*Sich hingeben bedeutet sich
befreien.*

Tibetisches Sprichwort

Dass ich mich nicht operieren liess, habe ich bis heute keine Sekunde bereut. Ich bin froh, dass ich diesen Weg gewählt habe. Es war damals und ist noch heute für mich die richtige Entscheidung gewesen. Das bedeutet nicht, dass ich mich in einer anderen Situation oder unter anderen Umständen nicht anders entschieden hätte. Denn nicht nur die Situationen wiederholen sich nicht, auch ich wäre dann eine andere gewesen. Wir entwickeln und wandeln uns unaufhörlich. Auch weiss ich nicht, wozu mir meine Intuition dann geraten hätte. Nämlich darauf kommt es schlussendlich an: uns zu erlauben, unserer Intuition zu vertrauen, selbst wenn die Umstände schwierig sind und alle «vernünftigen» Gründe gegen das eigene Gespür sprechen.

Aber auch für mich gab es in den Tagen und Wochen nach dem Unfall Momente voller Sorge und Furcht. Beispielsweise, wenn ich meinen Fuss irgendwo anschlug oder auf eine unebene Stelle trat. Denn nach zweieinhalb Monaten konnte ich zwar wieder in die ersten Schuhe schlüpfen, doch die gewohnte Sicherheit beim Gehen hatte ich noch nicht wiedergewonnen. In solchen Augenblicken versuchte ich, mich so gut es ging zu beruhigen, was mir natürlich nicht immer gelang. Ich dachte dann an all das, was passiert war, an all die Unterstützung, die ich von so vielen Seiten erhalten hatte. Das half mir. Und ganz besonders die Erfahrung, dass es immer wieder gut kam. Meine Intuition liess mich nie im Stich, und ich fühlte mich getragen und geführt.

Dennoch habe ich mich natürlich des Öfteren gefragt, wie es wäre, wenn der Heilungsprozess trotz allem nicht gut verläuft. Eine Operation zu einem späteren Zeitpunkt wäre grundsätzlich möglich, wie Dr. Frey mir gegenüber versicherte, nicht optimal und um einiges schwieriger, aber machbar. Das gab mir natürlich zusätzlich Sicherheit. Aber viel mehr beschäftigte mich die Frage, ob ich auch mit einer eventuellen Behinderung hätte leben können. Ich bin weit davon entfernt, dies zu bejahen. Was mich aber erfreute, war, wie gut ich in den Wochen nach dem Unfall, als ich sehr immobil war, mit meinem kleinen Bewegungsradius zurechtkam. Die meiste Zeit bewegte ich mich lediglich die paar Meter zwischen Arbeits-, Wohn- und Schlafzimmer hin und her. Dennoch vermisste ich nichts. Im Gegenteil. Wenn ich diese Phase rückblickend einordnen muss, dann steht sie ganz oben auf der Liste der glücklichsten und erfüllendsten Zeiten meines Lebens. Ich spürte, wie mein Herz weiter wurde und sich in mir ein wunderbarer Frieden und eine tiefe Freude ausbreiteten. Diese Gefühle waren die

Begleitmusik einer bedeutenden Wandlung, die in mir vorging. Das begriff ich rasch. Zusammengefasst ging es dabei um die drei grossen Neptun-Themen, also um Liebe, Hingabe und Vertrauen. Da war zum einen das Vertrauen in meine Intuition, zum anderen meine Lektion in Herzensbildung und zum dritten die Aufforderung zur Hingabe. Auf tiefster Ebene bedeutete dies für mich, anzunehmen und mit allen Konsequenzen zu akzeptieren, was immer mit meinem Fuss geschehen würde.

Ich habe den Eindruck, selten zuvor über so viel Kraft und Gelassenheit verfügt zu haben wie heute, und ich bin mir ganz sicher, dass der Grund dafür mein Fussbruch war, durch den etwas in mir aufgebrochen wurde.

Ich gehe mittlerweile wieder ganz normal, auch wenn ich noch auf längere Wanderungen verzichte und das Spazieren auf unebenem Gelände vermeide. Schmerzen habe ich in der ganzen Zeit kein einziges Mal gehabt. Mein Fuss wird von Monat zu Monat kraftvoller, und ich beginne nun langsam, mich auch wieder sportlich zu betätigen, hier ein bisschen Yoga, dort ein bisschen Tanzen. Je mehr ich nun wieder mit beiden Füssen im Leben stehe, desto mehr drängen, neben Neptun, auch die anderen Archetypen wieder in den Vordergrund und wollen beachtet und gelebt werden. Den Zauber dieser neptunischen Tage werde ich jedoch nie vergessen. Sie haben mir Neptuns Energie und die Wunder, die er vollbringen kann, noch einmal so viel nähergebracht. Dafür werde ich ewig dankbar sein. Mein Vater hat übrigens ganz wundervoll reagiert. Er war von der Botschaft seines Vaters sehr gerührt. So hat Neptun letztlich auch in unserer Familie ein Stück weit Heilung bewirkt. Danke Neptun für diese wunderbare Erfahrung.

Teil 2

Neptun in Fische

Einleitung

Neptun durchläuft den Tierkreis einmal in 164 Jahren. Da er im Gegensatz zu Chiron oder zu Pluto eine recht regelmässige Umlaufbahn besitzt, hält er sich in jedem Tierkreiszeichen jeweils rund 14 Jahre auf. Aktuell steht er in seinem eigenen Zeichen Fische, in das er definitiv im Jahr 2012 eingetreten ist und in dem er bis 2026 bleiben wird. Bis 2019 leistet ihm dabei Chiron Gesellschaft.

Wir stehen damit noch relativ am Anfang dieses bemerkenswerten Aspektes, der in den nächsten Jahren den Zeitgeist massgeblich mitprägen wird. Kommt ein Planet nach Hause, das heisst zurück in sein Domizil, ist dies vor allem bei einem Langsamläufer wie Neptun ein besonderer Moment. Denn stehen Planeten in ihrem eigenen Zeichen, also in dem Zeichen, über das sie herrschen, bringen sie ihre Eigenschaften am direktesten und unmittelbarsten zum Ausdruck. Neptun fühlt sich in Fische also buchstäblich wie ein Fisch im Wasser.

Welche Wirkung dürfte von diesem Transit in den kommenden Jahren ausgehen? Neptun in Fische hat das Potenzial, unsere edelsten Seiten zu wecken. Mitgefühl, Gemeinschaftssinn, gelebte Solidarität, Liebe und Verzeihenkönnen sind Eigenschaften, die wir in dieser Zeit lebendig werden lassen können. Transpersonale Erfahrungen, spirituelle Durchbrüche, intuitive Erkenntnisse und eine gesteigerte Sensitivität gehören ebenfalls mit zu den beeindruckendsten Facetten dieses Aspektes. Sie haben die Kraft, unser Leben zu wandeln und uns die Essenz unseres Daseins vor Augen zu führen. Umgekehrt können wir unter diesem Transit aber auch schmerzliche Verluste erleiden, uns verlassen und einsam fühlen, einer dummen Täuschung aufsitzen oder generell Dinge falsch einschätzen. Auch körperlich, psychisch oder mental verfügen wir möglicherweise nicht über unsere gewohnte Spannkraft und Leistungsfähigkeit. Wir fühlen uns schneller müde, reagieren mitunter empfindlicher auf äussere Einflüsse oder andere Menschen, brauchen mehr Regenerationszeit, um zu verdauen, was auf uns tagtäglich einstürmt und unsere Energie und Aufmerksamkeit in Anspruch nimmt. Davon sind vorwiegend all diejenigen Menschen betroffen, die Planeten oder Achsen im veränderlichen Kreuz in ihrem Geburtshoroskop haben, also in den Zeichen Zwillinge, Jungfrau, Schütze oder eben Fische. Aber letztlich ist jeder auf die eine oder andere Art von diesem Aspekt tangiert. Denn in jedem Horoskop transitiert der Planet durch ein bestimmtes Haus oder berührt sensible Grade oder Punkte.

Wir alle sind somit Teil einer Reise, die uns während der kommenden Jahre wohl manches Mal wie ein zauberhaftes Märchen und manches Mal wie eine irrlichternde Fahrt durch dicke Nebelschwaden vorkommen mag. Ich habe die Hoffnung, dass für uns am Ende die positiven Erfahrungen überwiegen werden. Auf welche Weise dieser Transit unsere Werte und Anschauungen verändern und welchen gesellschaftlichen Entwicklungen und Tendenzen er Auftrieb geben dürfte, habe ich auf den folgenden Seiten zusammengefasst.

Der Gott Neptun und die Fische

Trends mit Neptun in Fische

Politik von unten

Der Eindruck, dass das Leben in den letzten Jahren schwieriger geworden ist und der Wohlstand ungerecht verteilt, hat in breiten Schichten der Bevölkerung zu wachsender Unzufriedenheit und Unsicherheit geführt. Gefühle des Zukurzkommens und des Zurückbleibens nähren Ängste und die Wut auf «die da oben». Eine konstruktive Antwort auf diese Missstände ist der wachsende Wunsch vieler Bürger nach grösserer politischer Teilhabe an demokratischen Entscheidungsprozessen. Seinen Stimmzettel einmal in vier Jahren abzugeben, reicht vielen nicht mehr. Sie möchten und fordern Mitbestimmung. In der Schweiz seit eh und je verankert und praktiziert, ist die direkte Demokratie ein wesentlicher Grund dafür, dass die Schweizer zu den zufriedensten Bürgern in Europa gehören. Im Schweizer Horoskop (Bundesverfassung von 1848) steht sinnigerweise Neptun im Fische-Zeichen. Damit dieses Experiment gelingen kann, müssen allerdings die Qualitäten des Gegenzeichens Jungfrau, also die Fähigkeit, umsichtige und vernünftige Entscheidungen zu treffen, gut entwickelt sein. Wer die direkte Mitbestimmung fordert, muss in der Lage sein, auch unangenehme Entscheidungen, beispielsweise Steuererhöhungen, dort, wo sie geboten sind, zu fällen, und damit bereit sein, auf eigene Vorteile zugunsten des Ganzen zu verzichten.

Damit sind wir bei einem kritischen Punkt von Neptun in Fische angelangt. Diese Konstellation kann mitunter Begehrlichkeiten wecken, die keiner bezahlen oder erfüllen kann. Hier dürften in Zukunft politisch einige Probleme auf uns zukommen. Bereits heute ächzen viele europäische Länder unter der Last ihrer Sozialausgaben. Ein Abbau des Sozialetats, trotz bereits bestehender hoher Defizite, ist vielerorts nicht in Sicht und vielleicht aufgrund wachsender sozialer Probleme auch gar nicht möglich. Die Kluft zwischen denjenigen, die ein gutes oder sehr gutes Einkommen haben, und denjenigen, die am Tropf des Staates hängen, mag sich noch vertiefen und zu der gesellschaftlich absurden Situation führen, dass die, die über Arbeit verfügen, über die tägliche Belastung klagen und sich nichts sehnlicher als Ruhe und Musse wünschen, während die, die keine Arbeit haben, das Nichtstun unerträglich finden und sich nach Tätigkeit und Gebrauchtwerden sehnen.

Die Neuerfindung der Arbeit

Dieser Konflikt mag im besten Fall den Anstoss für die Entwicklung neuer Arbeitsmodelle geben, die jedoch nur dann zu Erfolg führen, wenn sie nicht ideologisch aufgeladen, sondern Kriterien der Tauglichkeit und Realisierbarkeit verpflichtet sind. Neptun in Fische dürfte sich jedoch nicht in derartigen partiellen Anpassungen erschöpfen, sondern unsere Arbeitssphäre, wie wir sie heute kennen, grundlegend verändern. Die Grenzen zwischen Arbeit und Freizeit, zwischen Büro und Zuhause zerfliessen immer mehr. Im besten Fall machen sie kreativen Tätigkeitsräumen und -modellen Platz. In diesem Zuge entsteht vielleicht eine Vielzahl neuer sozialer Netzwerke und Kooperationen, in denen sich Menschen lokal oder virtuell zusammenfinden, die an ähnlichen Themen oder Projekten arbeiten und sich auf diese Weise inspirieren, unterstützen und befruchten.

Angebote und Dienstleistungen, die mit Neptun in Fische symbolisch in Verbindung stehen, sind die Gesundheits-, Wellness-, Esoterik- und Umweltbranche. Ganz allgemein dürften Angebote, bei denen es um Helfen, Heilen, Verwöhnen, Pflegen und Beraten geht, in den kommenden Jahren in Mode sein und stark nachgefragt werden. Denn unter diesem Transit reagieren wir sensibler, sind schneller irritierbar und damit insgesamt weniger belastbar. Wir brauchen mehr Zeit für Ruhe und Erholung. Auch stecken wir die Belastungen des Alltags und des Berufes nicht immer so leicht weg. Manchen dürfte in dieser Zeit daher einfach alles zu viel werden und über den Kopf wachsen. Wer in seiner Arbeit zudem keinen Sinn mehr erkennt, resigniert vielleicht. Andere, die Mühe haben, sich gegen äussere Anforderungen abzugrenzen, und zugleich hohe Erwartungen an sich und ihre Leistungen stellen, riskieren dagegen, sich auszubrennen. Wo auch immer wir im Job stehen, unter diesem Aspekt werden wir uns auf die eine oder andere Weise mit unserer gegenwärtigen Arbeitssituation näher beschäftigen müssen, was uns im besten Fall dazu animiert, nach befriedigenderen Lösungen Ausschau zu halten. Das kann ein Wechsel in ein ganz anderes Tätigkeitsfeld sein. Das kann aber auch die Veränderung unserer Einstellung gegenüber unserem Job bedeuten.

Neben Vorkehrungen und Entscheidungen, die wir selbst treffen, geht es in dieser Zeit zudem um Überlegungen, wie gesunde Arbeitsbedingungen aussehen und geschaffen werden können. Was können Unternehmen tun, um ihre Mitarbeiter vor chronischem Stress zu schützen? Wie lassen sich die Motivation und die Zufriedenheit am Arbeitsplatz erhöhen? Diese und andere Fragen rücken vermehrt in den Fokus der gesellschaftlichen Aufmerksamkeit. Es geht also langfristig auch um strukturelle Veränderungen der Arbeitssphäre im Allgemeinen, sprich um die Frage, wie unsere Gesellschaft als Ganzes in Zukunft Arbeit verstehen und gestalten will.

Reizüberflutung

Beschleunigung (Uranus in Widder) und Reizüberflutung (Neptun in Fische) sind zwei Merkmale unserer postmodernen Zeit. Bislang ist es uns nicht wirklich gelungen, auf diese gesellschaftlichen Megatrends, die längst nicht mehr nur unsere Arbeitssphäre, sondern viele Bereiche unseres Lebens beeinflussen, sinnvolle Antworten beziehungsweise konstruktive Formen des Umgangs zu finden. Immerhin werden sich immer mehr Menschen darüber bewusst, wie wichtig es ist, Phasen einzuschalten, in denen sie offline und nicht erreichbar sind, um sich die nötige Erholungszeit zu gönnen. Gleichzeitig scheint aber auch das Bedürfnis weiter Teile der Bevölkerung nach Ablenkung zuzunehmen, indem man sich von immer flacheren Unterhaltungsprogrammen berieseln lässt. Die Allgegenwärtigkeit elektronischer Medien fordert uns auf, genauer hinzuschauen und zu differenzieren. Die Informations- und Angebotsfülle des Internets kann Fluch oder Segen sein, je nachdem, wie und wofür man das Medium nutzt.

Um nicht im medialen Dschungel zu versinken, können uns die ordnenden Kräfte des Jungfrau-Zeichens gute Dienste leisten. Sie helfen uns, zwischen angenehmen und unangenehmen Reizen zu unterscheiden und das für uns Richtige und Stimmige zu wählen. Das beinhaltet konkret die Auseinandersetzung mit folgenden Fragen, die wir uns als Einzelne sowie als Gesellschaft in der Phase von Neptun in Fische immer wieder stellen dürften und müssen: Was und wie viel lassen wir an uns heran und was nicht? Was tut uns gut und was zieht uns Energie ab? Wo und wann sind wir mit ganzer Aufmerksamkeit dabei und wo konsumieren wir einfach nur noch?

Transparenz versus Vertraulichkeit

Wenn durch die vermehrte Nutzung des Internets und vor allem sozialer Medien das private Leben immer öffentlicher und transparenter wird, drängen sich ausserdem zunehmend Fragen nach dem Refugium des Privaten auf. Natürlich: Die Nutzung von Social-Media-Angeboten bleibt ein Megatrend. Das Bedürfnis, sich ins Private zurückzuziehen, wo man den öffentlichen Blicken und Kommentaren entzogen ist, könnte aber wachsen. Das heisst: Das wirkliche Leben macht gegenüber dem virtuellen Leben in den nächsten Jahren wieder an Boden gut. Man schätzt das vertrauliche

Gespräch mit einer guten Freundin, man teilt mit einem engen Freund seine Sorgen, Nöte und Ängste, ohne dass am nächsten Tag die gesamte Netzgemeinschaft darüber informiert ist. Weiht jemand uns in sein Geheimnis ein oder teilt uns Vertrauliches mit, schärft dies unser ethisch-moralisches Bewusstsein. Während Neptun durch sein eigenes Zeichen läuft, haben wir Gelegenheit, uns über den Wert von Vertrauen und Verschwiegenheit bewusst zu werden und auch darüber, was es bedeutet, diese zu brechen.

Sein und Haben

Auch als Konsument sind wir mehr denn je gefordert, Gutes von Schlechtem, Qualität von Nippes und Echtes von Schein zu unterscheiden. Anstatt sich in der Fülle des Angebots zu verlieren oder zu verzetteln, heisst die Devise «Less is more». Dabei mögen immer mehr Menschen zu der Einsicht gelangen, dass das Streben nach Geld und Reichtum nicht automatisch zu mehr Glück führt und es lohnenswert ist, mehr nach innerer Zufriedenheit und Erfüllung zu suchen. Allerdings gilt das nur für diejenigen, die über genügend Geld und finanzielle Sicherheit verfügen. Für viele, die bereits heute wenig haben, dürfte es in den kommenden Jahren voraussichtlich nicht einfacher werden. Neptun in Fische ist eben auch der soziale Abstieg, der häufig mit Armut und damit zugleich mit dem Verlust an Reputation und Status einhergeht. Da der Staat überfordert sein wird, allen Betroffenen mit Hilfsleistungen unter die Arme zu greifen, stellen karitative Einrichtungen und Programme wichtige Anlaufstellen und Auffangbecken dar. Auftrieb erfahren in diesem Zusammenhang auch alle Arten von Tauschhandel und Nachbarschaftshilfe, und die Spendenbereitschaft der Bürger erblüht nicht nur zur Weihnachtszeit.

Dass wir unter diesem Transit aber alle zu friedlicheren und versöhnlicheren Menschen werden, bleibt voraussichtlich ein frommer Wunsch. Denn wenn die Angst in einer Gesellschaft wächst, steigt damit gewöhnlich nicht in erster Linie die Solidaritätsbereitschaft, sondern eher die Tendenz zu Ausgrenzung und Fremdenfeindlichkeit.

Interkonfessionelle Konflikte

Die Jungfrau/Fische-Achse steht symbolisch unter anderem mit dem Thema Schuld und Sühne in Verbindung. Die Abwehr der eigenen Verantwortung und die Suche nach Sündenböcken gehört zu den Schattenseiten dieser Achse. Unter diesem Transit könnten daher vermehrt Minoritäten zur Zielscheibe werden. Ein anderes Merkmal dieser Zeit ist das Anschwellen diffuser Ängste gegenüber bestimmten Religionen oder Glaubensgemeinschaften. Zudem könnten sich vermehrt religiös motivierte Konflikte auf nationaler und internationaler ergeben und in gewissen Ländern zu chaotischen, bürgerkriegsähnlichen Zuständen führen. Sekten sowie alle Arten von absurden Verschwörungstheorien sind weitere Ausdrucksformen dieser Konstellation.

Gehirn und Bewusstsein

Dem grössten Rätsel, dem wir in der Zeit mit Neptun in Fische begegnen können, ist die Frage nach der Natur des Bewusstseins. Auf diesem Feld sind beeindruckende und wegweisende Einsichten und Erkenntnisse in den kommenden Jahren möglich, die uns einerseits tiefere Einblicke in die Natur des Menschen ermöglichen, andererseits zu Fortschritten beim Verständnis und der Behandlung von Demenzerkrankungen führen dürften.

Während der grösste Teil der Mediziner und Neurowissenschaftler dem menschlichen Bewusstsein keine eigene Existenz zubilligt, sondern davon überzeugt ist, dass Bewusstsein lediglich ein Nebenprodukt neuronaler Prozesse unseres Gehirns ist, gibt es eine kleine, aber wachsende Gruppe von Forschern, die diese Theorie anzweifelt und zu widerlegen versucht. Dazu gehört beispielsweise der amerikanische Neurochirurg Eben Alexander sowie der niederländische Herzspezialist Pim van Lommel. Beide wurden vor einiger Zeit durch ihre Bücher zum Thema Nahtoderfahrung einer grösseren Öffentlichkeit bekannt. Pim van Lommel durch das Buch ENDLOSES BEWUSSTSEIN und Eben Alexander durch seinen Bestseller BLICK IN DIE EWIGKEIT. Die Untersuchungen von Nahtoderfahrungen sind deshalb für die Erforschung des menschlichen Bewusstseins so interessant, weil auf diesem Gebiet bereits viele Erfahrungen und Fakten gesammelt werden konnten, die klar gegen die bisherige wissenschaftliche Anschauung sprechen oder diese jedenfalls sehr fraglich erscheinen lassen. Es lohnt sich also, nach anderen Erklärungen Ausschau zu halten.

Dies tut Eben Alexander in seinem Buch, wenn er in seiner Rolle als Neurochirurg und Gehirnspezialist versucht, Antworten auf sein persönliches Nahtoderlebnis zu finden. Während eines siebentägigen Komas, in das er aufgrund einer sehr seltenen und extrem gefährlichen Form der Hirnhautentzündung fiel, erlebte er eine ausserkörperliche Erfahrung, die sein bisheriges Weltbild radikal veränderte. Bis dahin war er ein durch und durch weltlicher Arzt, der sein Berufsleben an einigen der renommiertesten Forschungseinrichtungen verbrachte. Als praktizierender Neurochirurg operierte er viele Menschen. Manche erzählten ihm im Anschluss sonderbare Dinge. Einige wollten verstorbenen Verwandten begegnet sein, andere berichteten von überirdisch schönen Landschaften, durch die sie reisten. Eben Alexander reagierte auf solche Schilderungen seiner Patienten zwar freundlich und einfühlsam, doch gab er ihnen auch unmissverständlich zu verstehen, dass es sich bei den Erlebnissen um nichts weiter als um reine Fan-

tasiegebilde handelte. Denn er war, bis zu jenem Novembertag im Jahre 2008, als er plötzlich erkrankte, wie praktisch alle seine Kollegen von der Tatsache überzeugt, dass das Bewusstsein seinen Dienst einstellt, sobald das Gehirn nicht mehr arbeitet. Die Fähigkeit, in diesem Zustand überhaupt etwas wahrzunehmen, war einfach unmöglich. Seine persönliche Geschichte lehrte ihn jedoch eines Besseren und krempelte sein Weltbild komplett um. Heute vertritt er nicht nur die Ansicht, dass das Bewusstsein unabhängig vom Gehirn existiert. Für ihn ist Bewusstsein die eigentliche Grundlage von allem, was überhaupt existiert. Eben Alexander beschränkt sich nicht nur auf die Schilderung seiner Geschichte, sondern überprüft seine Erlebnisse zudem nach wissenschaftlichen Kriterien, indem er die gängigen Hypothesen diskutiert, die immer wieder von wissenschaftlicher Seite angeführt werden, um die Echtheit von Nahtoderfahrungen zu widerlegen. Doch keine kann letztlich eine sinnvolle Erklärung für seine ausserkörperliche Erfahrung liefern.

Forscher wie Eben Alexander, die sich mit aussersinnlichen Erfahrungen beschäftigen – sei es aus persönlicher Betroffenheit, sei es aus wissenschaftlicher Neugier – kommen heute meist zu folgenden Schlüssen über die Natur des Bewusstseins:

1. Das Bewusstsein ist nicht an unsere gewohnte Raum- und Zeitdimensionalität gebunden. Das heisst: Es ist nicht-lokal und nicht-linear.

2. Wir sind mehr als unser physischer Körper. Und dieses «Mehr», unser Bewusstsein, endet nicht mit unserem Tod.

3. Unser Gehirn hat eine vermittelnde Funktion. Es erzeugt selbst kein Bewusstsein, sondern ermöglicht es.

Krankheit und Heilung

Bereits heute und in der kommenden Zeit erfordern zudem alle Erkrankungen, die mit Neptun und dem Fische-Zeichen symbolisch in Verbindung stehen, wie zum Beispiel alle Formen von Suchterkrankungen und Depressionen, grössere Aufmerksamkeit. Voraussichtlich ist eine Zunahme wie auch die Entwicklung neuer Therapieverfahren bei diesen Erkrankungen zu erwarten. In der Medizin rückt zudem der Bereich der Hygiene wieder stärker in den Vordergrund des Interesses, indem die Ausbreitung von gefährlichen Keimen die Heilkunst, vor allem im Krankenhausbereich, vor neue Herausforderungen stellt.

Die Geburt der Hygiene fand genau einen Neptun-Zyklus zuvor statt. In den Jahren 1847/1848, als Neptun gerade ins Fische-Zeichen eingetreten war, gelang dem ungarischen Mediziner Ignaz Semmelweis eine Weltsensation. Zu dieser Zeit war die Ursache für Infektionen – die Übertragung von Bakterien – noch nicht erkannt. Mediziner sezierten Leichen und entbanden anschliessend Frauen mit ungewaschenen, nicht desinfizierten Händen. Semmelweis erkannte den Zusammenhang und führte Hygienemassnahmen ein, um die Ansteckungsgefahr zu minimieren. Die Sterblichkeitsrate der von ihm untersuchten Frauen, die an Kindbettfieber starben, sank rasant. Trotz dieses offenkundigen Erfolges wurden seine Erkenntnisse von seinen Kollegen als spekulativer Unfug bezeichnet und seine Vorschläge ignoriert. Erst eine Ärztegeneration später setzte sich die Anwendung von Hygienemassnahmen durch, wodurch sich die Lebenserwartung der Menschen in der Folgezeit deutlich erhöhte. Heute spricht man vom sogenannten Semmelweis-Reflex, wenn eine wissenschaftliche Entdeckung ohne Überprüfung des entsprechenden Gegenstandes abgelehnt wird. Neptun in Fische erzeugt eben leider auch einen Humus für Verleumdungen, Intrigen und irrationale Verhaltensweisen, und er verweist darauf, dass Erkenntnisse, so wundervoll und nützlich sie für die Menschheit sein mögen, unter Umständen lange Zeit ignoriert werden. Doch es liegt in unserer Hand, die Wartezeit zu verkürzen. Durch Menschlichkeit und Bescheidenheit. Und das ist das Beste, was die Jungfrau/Fische-Achse zu bieten hat.

Nun gibt es für den Menschen aber nicht nur gefährliche, sondern auch äusserst nützliche Keime. So leben in unserem Darm rund 100 000 Milliarden Bakterien, die uns dabei helfen, unsere Nahrung zu verdauen. Je länger, je mehr versteht man, wie eng unsere Darmflora mit unserer Gesundheit verflochten ist. Die Anwesenheit von bestimmten Bakterienstämmen ist offensichtlich wichtig, um uns vor diversen Leiden wie beispielsweise Übergewicht oder Entzündungskrankheiten zu schützen. Doch damit nicht genug: Neuere Forschungen zeigen, dass die Darmflora, also die

Bakterienstämme, die den Darm bevölkern, sich höchstwahrscheinlich auch auf unser zentrales Nervensystem – vor allem die Regulierung des Serotoninspiegels, der unsere Stimmung positiv beeinflusst – auswirkt. Zwischen Bauch und Kopf besteht eine intensivere Verbindung als bislang angenommen. Das liegt eigentlich auf der Hand, wenn man bedenkt, dass sich das Gehirn im Laufe der Evolution erst dank der zahlreichen Bakterienstämme im menschlichen Darm herausbilden konnte. Ohne die kleinen Helfer müssten wir nämlich tagtäglich einen Grossteil unserer Energie ausschliesslich für die Verdauung aufwenden. Für die Entwicklung höherer kognitiver Leistungen bliebe da kein Platz übrig. Wer hätte das gedacht: Bakterien als die Grundlage für die Entwicklung unserer Intelligenz – des Menschen ganzer Stolz!

Solche Erkenntnisse können uns Ehrfurcht lehren vor der Weisheit der Natur. Und sie zeigen, wie sehr das Leben im Grunde auf Kooperation ausgerichtet ist. Denn nicht nur brauchen wir die Bakterien, die Bakterien brauchen auch uns. Unseren Darmbakterien geht es nämlich nur bei uns so richtig gut. An die Welt da draussen sind sie nicht gewöhnt. Ohne ihr gewohntes Mikroklima würden sie schnell verenden. Und noch etwas anderes ist interessant: Unser Magen-Darm-Trakt könnte in Zukunft zum Frühwarnsystem bestimmter, vor allem neurologischer Erkrankungen werden. Bereits heute ist man sich ziemlich sicher, dass die Parkinson-Krankheit wohl zunächst im Darm beginnt – lange bevor die ersten sichtbaren Symptome auftreten – und sich von dort langsam ins Gehirn schleicht. Als Auslöser werden toxische Substanzen oder Krankheitserreger vermutet.

Die Zeit mit Neptun in Fische ist insgesamt dafür prädestiniert, Entdeckungen zu machen, die niemand vorher erwartet hätte. Einfach deshalb, weil sie bis dahin schlicht als abwegig, unwahrscheinlich oder als völlig unmöglich gegolten haben. Der menschliche Körper ist nach wie vor ein grosses Mysterium. Und ich habe den Eindruck, dass wir bislang erst einen Bruchteil, wenn auch einen wichtigen, verstanden haben. Besonders eindrucksvoll sind vor allem jene Momente, in denen wir plötzlich der Weisheit unseres Körpers gewahr und unsere Bewertungen mit einem Mal über den Haufen geworfen werden.

Die Allergo-Onkologie ist so ein Beispiel. Eines, wie es kein besseres geben könnte für den Transit von Neptun zusammen mit Chiron durch das Fische-Zeichen. Dieser junge Forschungszweig hat herausgefunden, dass Allergiker seltener an bestimmten Tumoren erkranken als Nicht-Allergiker. In den letzten Jahren haben Allergien stark zugenommen, vermutlich als Reaktion auf eine belastetere Umwelt (Heuschnupfen) sowie auf toxische Stoffe und Rückstände im Essen (Nahrungsmittelallergien). Der Körper reagiert auf diese Belastungen mit geröteten Augen, einer triefenden Nase, Hautausschlägen oder Atemnot, eben den klassischen allergischen Symptomen. Das ist natürlich für die Betroffenen unangenehm, doch verbirgt sich dahinter offenbar eine intelligente Reaktion des Körpers. Es wird vermutet, dass Allergiker deshalb weniger häufig an Krebs erkranken, weil sie auf schädliche Einflüsse schneller reagieren und diese effektiver abwehren. Auf einmal gelten Menschen, die empfindlicher als andere reagieren, nicht länger als weniger belastbar und Hypersensible nicht mehr als etwas schrullig. Ganz im Gegenteil: Mit ihrer Empfindsamkeit übernehmen sie nämlich offenbar eine sehr wichtige Rolle in der Population, indem sie diese als eine Art Frühwarnsystem vor schädlichen

Entwicklungen wie beispielsweise ungesunden Lebensbedingungen warnen und damit eine Gesellschaft rechtzeitig zum Umdenken animieren können. So gesehen, entpuppt sich die Wunde des Allergikers als Quelle der Heilung.

Ernährung

In diesem Bereich sticht momentan der Trend zur veganen Ernährung am deutlichsten hervor. Der häufig unwürdige Umgang mit Tieren in der Nahrungsmittelindustrie bewegt immer mehr, vor allem junge Menschen dazu, auf tierische Lebensmittel wie Fleisch, Käse, Milch, Butter oder Eier zu verzichten. Veganer möchten durch ihr Handeln dazu beitragen, dass Leiden der Tiere zu beenden. Denn aus ihrer Sicht haben wir Menschen nicht das Recht, über Tiere zu verfügen und ihnen Gewalt anzutun. Ich bringe diesen Trend in erster Linie mit dem Transit von Chiron durch das Fische-Zeichen in Verbindung. Während Chiron das Bewusstsein für die leidende Kreatur schärft, äussert sich das Fische-Thema sowohl in der Vorstellung von der Egalität aller Geschöpfe, wonach Tieren die gleichen Rechte wie Menschen zugesprochen werden, als auch in der Sorge um die Umwelt. Denn durch Viehhaltung werden nicht nur mehr Treibhausgase freigesetzt, sondern auch sensible Ökosysteme, beispielsweise durch Rodungen, empfindlich gestört. Zudem verbraucht die Nutztierhaltung mehr Ressourcen an Wasser, Land und Energie.

Ob nun vegan, vegetarisch, metabolisch, kohlenhydrat- oder zuckerfrei – auffallend ist, dass sich das Essverhalten in der westlichen Welt zunehmend danach ausrichtet, was nicht gegessen wird. Neben gesundheitlichen und ethisch-moralischen Gründen spielen dabei auch solche von Disziplin und Verzicht eine Rolle. Verzicht ist ein Merkmal von Neptun/Fische, was seine identitäts- oder sinnstiftende Bedeutung in der gegenwärtigen Zeit erklärt. Dabei spielen auch Reinheitsvorstellungen eine Rolle. In Kulturen sind Vorstellungen von Reinheit meist an moralische Werte geknüpft. Was früher der Sexualität galt, gilt heute der Ernährung: Man möchte sich möglichst nicht mit ungesundem Essen oder ethisch fragwürdigen Lebensmitteln «verunreinigen».

Diverse Skandale, vor allem im Zusammenhang mit Massentierhaltung und Fleischkonsum, aber auch der grosse Einsatz von

Pestiziden in der Landwirtschaft, Verpackungsrückstände in der Nahrung und vieles andere mehr, haben dazu beigetragen, dass eine wachsende Zahl an Konsumentinnen und Konsumenten sich intensiver mit ihrer Ernährung auseinandersetzt. Fragen wie «Was tut mir gut?» oder «Was hilft mir, gesund zu bleiben?» rücken in den Vordergrund. Dies fördert sowohl den achtsamen Umgang mit unserem Körper als auch das Bewusstsein für eine gesunde Umwelt. Sehr häufig ist das eine vom anderen sowieso nicht zu trennen, sondern sie bedingen einander.

Dazu ein Beispiel: Aufgrund der industriellen Produktion ist der globale Wasserkreislauf heute mit einer Vielzahl synthetischer Chemikalien belastet. Da Mineralwasser im Unterschied zu Leitungswasser aber nicht aufbereitet werden darf, bleiben oft Rückstände wie beispielsweise Pestizide im Wasser zurück. Darüber hinaus wird Mineralwasser seit einigen Jahren vermehrt in Plastikflaschen angeboten, wodurch das Wasser noch stärker kontaminiert wird. Denn wie Studien zeigen konnten, waschen sich chemische Bestandteile aus der Kunststoffverpackung aus und gelangen so ins Flaschenwasser. Je mehr wir solches Wasser konsumieren, desto mehr wächst nicht nur der Plastikmüllberg, sondern auch der Chemikaliencocktail in unserem Körper.

Doch nicht nur unser Wasser, sondern auch viele andere Lebensmittel sind von dieser Entwicklung betroffen. Von rund 175 Chemikalien, die für die Produktion von Lebensmittelverpackungen verwendet werden, ist derzeit bekannt, dass sie krebserregend und erbgutverändernd sind oder unser Hormonsystem schädigen. Dennoch sind viele Chemikalien nicht verboten, da die Gesetzgebung an die 50 Jahre hinter der Forschung hinterherhinkt. Experten, die auf diesem Gebiet forschen, gehen davon aus, dass die Gefahr, die von Lebensmittelverpackungen ausgeht, stark unterschätzt wird. Doch auch für sie ist es nicht leicht, den Überblick zu behalten. Das liegt zum einen an der enormen Zahl verwendeter Stoffe in der Verpackungsindustrie, deren Wirkungen bislang nur bedingt erforscht sind. Zum anderen daran, dass ständig neue Chemikalien dazukommen, deren Wirkungen völlig unbekannt sind. Nicht nur hinken die Lebensmittelgesetze der Forschung hinterher, die Forschung hinkt ihrerseits auch ständig der Industrie hinterher. Ein fataler Teufelskreis.

Natur

Entfernen wir uns aufgrund unseres modernen Lifestyles einerseits immer mehr von der Natur, sind wir andererseits gerade dabei, ihre Heilkraft wiederzuentdecken. Noch vor Kurzem kritisch beäugt, rät man beispielsweise seit einiger Zeit wieder zu moderatem Sonnenbaden, damit unser Körper Vitamin D, das für die Regulation zahlreicher Prozesse in unserem Organismus zuständig ist, in ausreichenden Mengen produzieren kann.

Nicht nur deswegen wird Eltern empfohlen, ihre Kinder draussen spielen zu lassen. Durch den Einzug der Digitalisierung in Alltag und Freizeit verbringen immer mehr Kinder ihre Zeit in geschlossenen Räumen. Untersuchungen haben gezeigt, dass Kinder, die in der freien Natur spielen, ein signifikant geringeres Risiko besitzen, kurzsichtig zu werden. Besonders in den asiatischen Ländern nimmt die Zunahme der Kurzsichtigkeit epidemische Ausmasse an. Wie genau der Aufenthalt im Freien vor der Entwicklung einer Kurzsichtigkeit schützt, ist noch nicht bekannt. Man weiss nur, dass er schützt.

Wir könnten die Liste an gesundheitsfördernden Wirkungen der Natur noch beliebig erweitern. Doch ich möchte zum Abschluss noch kurz auf einen anderen Aspekt zu sprechen kommen, der mir exemplarisch für den gegenwärtigen Transit von Neptun in Fische zu sein scheint. Seit einiger Zeit entdecken wir, dass Pflanzen und Tiere über viel mehr Fähigkeiten verfügen, als wir bis anhin glaubten. So können Hunde beispielsweise Lungenkrebs im Frühstadium erschnüffeln, Katzen den herannahenden Tod von Menschen spüren und Pflanzen als Kommunikationsprofis sich gegenseitig vor Fressfeinden warnen. Mit Neptun in Fische scheint der Mensch allmählich seine Position als «Krönung der Schöpfung» einzubüssen, womit der Weg frei wird für ein echtes ökologisches Bewusstsein, das uns lehrt, dass alles mit allem verbunden ist.

In Berührung mit dem Numinosen

Damit sind wir abschliessend bei einem weiteren Bereich angelangt, in dem mit Neptun in Fische vielversprechende Entwicklungen zu erwarten sind: dem Gebiet Spiritualität und Sinnsuche. Eine wachsende Zahl von Menschen spürt, dass es mehr zwischen Himmel und Erde gibt, als sich mit unseren fünf Sinnen wahrnehmen und begreifen lässt. Dies schafft ein Klima grösserer Akzeptanz gegenüber spirituellen Disziplinen und transzendenten Erfahrungen. In der Tat dürften wir unter diesem Transit insgesamt sensibler werden oder uns gar sensitiver und durchlässiger erleben. Das kann mit wunderbaren Erlebnissen verbunden sein, die uns tief im Inneren berühren und neue Perspektiven und Räume öffnen. Möglicherweise treten aussersinnliche Bewusstseinserlebnisse auch spontaner oder häufiger auf als früher, als sie vorwiegend bei der Ausübung von spirituellen Praktiken vorkamen, wie beispielsweise regelmässigem Meditieren, oder über psychedelische Drogen wie dem LSD angestrebt wurden.

Interessant in diesem Zusammenhang ist, dass die Entdeckung der bewusstseinsverändernden Wirkung von LSD durch den Basler Chemiker Albert Hofmann genau in jenen Stunden geschah, als Neptun im April 1943 noch einmal aus dem Waage-Zeichen – in das er Ende 1942 eingetreten war – zurück ins Jungfrau-Zeichen wechselte. Die Substanz beinhaltet das Potenzial, uns in andere Bewusstseinsebenen (Fische) als unsere Alltagswirklichkeit (Jungfrau) zu führen und ist damit ein direkter Ausdruck der damaligen Konstellation von Neptun in Jungfrau. Ein halber Zyklus ist seitdem vergangen. Neptun ist nun nach Hause gekommen und lädt uns ein, einen Blick in sein Reich zu werfen. Auch wenn wir ahnen, dass wir nur einen Hauch von Neptuns Welt erhaschen können, lohnt sich die Reise allemal. Unser Bild von uns selbst und der Welt wird am Ende wohl ein ziemlich anderes sein.

Teil 3
Neptun im persönlichen Horoskop

Einleitung

Neptuns Energie begegnet uns am unmittelbarsten im eigenen Horoskop. Neben seiner Hausstellung sind es vor allem die Aspekte zu den persönlichen und gesellschaftlichen Planeten, die für uns relevant und ausschlaggebend sind.

Das vorliegende Kapitel widmet sich zunächst der Stellung von Neptun in den Radix-Häusern. Dabei wird sowohl auf die Stärken und Talente als auch auf die Schwierigkeiten und Hindernisse und wie diese gemeistert werden können eingegangen. Die Entsprechungen sind jeweils stichwortartig aufgelistet.

Im Anschluss an die Deutung von Neptun im Radix-Haus werden die Aspekte Neptuns zu den persönlichen und gesellschaftlichen Planeten im Geburtshoroskop gedeutet. Wie bei allen transpersonalen Planeten, so sind auch bei Neptun die Entsprechungen bei harmonischen Aspekten (Sextil und Trigon) von den gespannten Aspekten (Opposition und Quadrat) nicht immer markant zu trennen. Dies hängt zum einen davon ab, wie sehr wir uns mit der Energie des jeweiligen Aspektes in unserem Leben bereits vertraut gemacht haben und konstruktive Entsprechungen entwickeln konnten, zum anderen, um welche Planetenkombination es sich konkret handelt. Die schwierigen Erfahrungen, die für uns in der Regel mit Spannungsaspekten verbunden sind, können zudem Ansporn sein, Wege zu finden, die aufeinanderprallenden Energien zu kanalisieren. Häufig werden sie über berufliche Tätigkeiten zum Ausdruck gebracht und entfaltet. Dagegen können harmonische Aspekte leicht zu Passivität verleiten, sodass das Potenzial eines Sextils möglicherweise gar nicht so richtig erkannt wird, lange brachliegt oder sogar Probleme bereitet.

Um Ihnen einen praktischen Überblick über die einzelnen Aspektverbindungen zu geben, habe ich bei der Deutung dennoch zwischen harmonischen und gespannten Aspekten unterschieden, wobei zusätzlich zwischen gehemmten und reifen Entwicklungsformen differenziert wird. Harmonische Verbindungen betreffen Sextile und Trigone, disharmonische Verbindungen Quadrate und

Oppositionen. Konjunktionen sind häufig Mischformen, sodass hier Entsprechungen aus beiden Gruppen zutreffen können, je nachdem, ob es sich um eher befruchtende respektive ergänzende Energien (Mond/Neptun, Venus/Neptun, Jupiter/Neptun) oder um eher widersprüchliche Energien (Sonne/Neptun, Merkur/ Neptun, Mars/Neptun, Saturn/Neptun) handelt.

Im Anschluss an die Kapitel «Neptun im Radix-Haus» und «Neptun im Aspekt zu den Planeten» sind Deutungen zu Neptun als Transit durch die Radix-Häuser beziehungsweise zu Neptun im Aspekt zu den persönlichen, gesellschaftlichen und geistigen Planeten jeweils in Tabellenform angefügt.

Neptun im Radix-IIaus

Neptun im ersten Haus

Stärken und Talente

- Mitfühlendes Handeln
- Sensibel, sensitiv, häufig medial begabt
- Romantisch und fantasievoll
- Ausgeprägter Idealismus
- Gutes Einfühlungsvermögen
- Kreative und künstlerische Begabung
- Engagierte Helferpersönlichkeit
- Grosses Interesse für Spiritualität, Mystik, Transzendenz
- Sozial, altruistisch oder ökologisch engagiert
- Schauspielerische Begabung

Schwierigkeiten und Hindernisse

- Unstet, unklar, schwer fassbar
- Schwierigkeit, eine eigene Identität aufzubauen
- Unsicher im Definieren klarer Ziele
- Schwierigkeit, sich zu behaupten
- Sich kraftlos oder entscheidungsschwach erleben
- Mühe, sich von fremden Erwartungen abzugrenzen
- Probleme bei der Bewältigung materieller Anforderungen
- Sich immer wieder als Opfer fühlen
- Angst, sich zu blamieren, Schwäche zu zeigen
- Alkohol- und Drogenprobleme

Entwicklungspotenzial

- Ein gesundes Ego aufbauen
- Gutes Mass zwischen Altruismus und Selbstbehauptung finden
- Darauf verzichten, andere zu manipulieren
- Mit diplomatischem Geschick zu seinem Ziel gelangen
- Visionen verwirklichen

- Ein Gefühl für die eigenen sowie die Grenzen anderer entwickeln

Neptun im zweiten Haus

Stärken und Talente

- Ideelle Werte prägen Motivation und Handeln
- Innere Sicherheit jenseits materieller Werte
- Fähigkeiten für einen beratenden/helfenden Beruf
- Talent für eine Tätigkeit im Dienstleistungssektor
- Sinn für Ästhetik und Proportionen
- Sensibilität für Bilder, Farben und Materialien
- Idealistischer/überpersönlicher Umgang mit Geld
- Gabe des Teilens
- Gutes Gespür für Geld- und Finanzangelegenheiten
- Gute Nase bei Immobilien

Schwierigkeiten und Hindernisse

- Unsicherheit bezüglich des eigenen (Selbst-)Wertes
- Unsicherheit bezüglich der eigenen Talente
- Wenig Gespür für den eigenen Körper und seine Bedürfnisse
- Schwierigkeit, sich in der Welt zu verankern
- Mühe, Nein zu sagen
- Unklarheiten/Verluste im Zusammenhang mit Geld/Besitz
- Finanzielle Probleme
- Ablehnung der materiellen Ebene und Flucht ins Geistige
- Schuldgefühle gegenüber sinnlichen Freuden
- «Opfer» von Betrügereien werden

Entwicklungspotenzial

- Selbstvertrauen hinsichtlich seiner Gaben und Talente entwickeln
- Einen gesunden Selbstwert aufbauen
- Lernen, sich abzugrenzen, sich nicht ausnutzen zu lassen
- Seine Fähigkeiten mit Disziplin und Ausdauer verwirklichen
- Finanziell unabhängig werden
- Die irdische Welt ebenso wertschätzen wie die des Geistes

Neptun im dritten Haus

Stärken und Talente

- Gute Vorstellungskraft, lebhafte Fantasie
- Ganzheitliche Auffassungsgabe
- Bildhaftes, assoziatives Denken
- Fotografisches Gedächtnis
- Gutes Gespür für sprachliche Nuancen
- Zwischen den Zeilen lesen können
- Intuitives Verstehen
- Herausspüren, was nicht gesagt oder verschwiegen wird
- Fähigkeit, anderen Menschen zuzuhören und auf sie einzugehen
- Begabung des Hellsehens oder Hellhörens

Schwierigkeiten und Hindernisse

- Mühe, sich zu konzentrieren / Vergesslichkeit
- Schwierigkeit im mündlichen oder schriftlichen Ausdruck
- Unsicherheit im Erfassen von Fakten oder Daten
- Problem mit dem logischen Denken
- Legasthenie
- Angst, als dumm oder weniger intelligent zu gelten
- Neigung, zu lügen, zu tricksen
- Unverbindlichkeit
- Doppelzüngigkeit
- Tendenz, auszuweichen anstatt sich Unangenehmem zu stellen

Entwicklungspotenzial

- Lernen, sich klar auszudrücken
- Kreative Ausdruckskraft entwickeln
- Verzichten, durch das Auslassen von Informationen zu manipulieren
- Einfühlsam und bildhaft kommunizieren
- Zuhören lernen
- Unabhängiger von den Meinungen anderer werden

Neptun im vierten Haus

Stärken und Talente

- In sich hineinspüren können
- Guter Zugang zum Unbewussten
- Intuitiv, feinfühlig
- Pädagogisches und psychologisches Talent
- Fähigkeit, für andere zu sorgen oder sie zu umsorgen
- Hilfsbereitschaft gegenüber der eigenen Sippe/Nahestehenden
- Begabung, ein schönes/idyllisches Zuhause zu erschaffen
- Gestaltung eines friedlichen Familien- und Privatlebens
- Gastfreundlich
- Guter Bezug zur Tier- und Pflanzenwelt

Schwierigkeiten und Hindernisse

- Einsamkeits-/Verlassenheitsgefühle
- Angst, von Emotionen überschwemmt zu werden
- Emotionale Labilität / Depressionen
- Mühe, sich im Leben zu verankern
- Chaotische Wohnsituation
- Sich heimatlos fühlen
- Nirgendwo so richtig Wurzeln schlagen können
- Schwierigkeit, sich geborgen und aufgehoben zu fühlen
- Verwirrende Familiensituation
- Enttäuschung mit Familienmitgliedern (vor allem als Kind)

Entwicklungspotenzial

- Ein inneres, spirituelles Zuhause finden
- Vertrauen ins Leben entwickeln
- Starre Traditionen aufweichen und hinter sich lassen
- Befruchtende Beziehungen mit Nahestehenden aufbauen
- Stimmige Formen des Zusammenlebens kreieren

Neptun im fünften Haus

Stärken und Talente

- Kreatives oder künstlerisches Talent
- Schauspielerische Begabung

- Im Kontakt mit seinem «inneren Kind» sein
- Glaube an sich und seine Fähigkeiten
- Kunst, andere zu unterhalten und zu inspirieren
- Schönheit und spirituelle Erhabenheit in allem Lebendigen sehen
- Flair für Romantik
- Geheimnisvolle Ausstrahlung / Charisma
- Sich einer Aufgabe jenseits reiner Egoansprüche widmen
- Pädagogisches Talent

Schwierigkeiten und Hindernisse
- Mühe, eine eigene Identität auszubilden
- Die eigenen kreativen Entwürfe/Ideen nicht wertschätzen
- Sich als untalentiert empfinden
- Grosse Abhängigkeit von der Zustimmung anderer
- Schmeicheleien aufsitzen
- In der Liebe nicht mit offenen Karten spielen
- Tendenz, den Partner oder seine Kinder zu idealisieren
- Neigung, sich für ein (schwaches/krankes) Kind aufzuopfern
- Schwierigkeit, andere so zu akzeptieren, wie sie sind

Entwicklungspotenzial
- Selbstvertrauen und Disziplin entwickeln
- Sein schöpferisches Potenzial umsetzen
- «Herz zu Herz»-Beziehungen pflegen
- Hohe Erwartungshaltung gegenüber anderen fallen lassen
- Projektionen auf die eigenen Kinder durchschauen

Neptun im sechsten Haus

Stärken und Talente
- Gute Dienstleistungsfähigkeiten
- Begabung für einen beratenden/helfenden Beruf
- Sich von der Arbeit inspirieren lassen
- Eine Tätigkeit ausüben, die mehr ist als reiner Broterwerb
- Gesunder Rhythmus zwischen Arbeit und Entspannung
- Kreative Verbindung von Intuition und Rationalität
- Achtsamer Umgang mit Körper und Seele

- Das Spirituelle im Alltäglichen erkennen
- Die geistige Ordnung hinter den irdischen Formen wahrnehmen
- Grüner Daumen

Schwierigkeiten und Hindernisse

- Mangelnde Beachtung der eigenen Belastbarkeitsgrenzen
- Hohes Perfektionsideal mit Neigung zur Überforderung
- Dünnhäutigkeit, Stressanfälligkeit
- Schwierigkeit, seine Ansprüche anzumelden
- Abgrenzungsprobleme gegenüber Kollegen/Vorgesetzten
- Vermeidung von offenen Konflikten
- Enttäuschungen am Arbeitsplatz
- Angst vor Schmutz, Ansteckung, Krankheiten
- Tendenz, aus dem Alltag zu fliehen

Entwicklungspotenzial

- Eine meditative Haltung im Alltag entwickeln
- Die Angst, nicht zu genügen, überwinden
- Arbeiten, ohne an die Früchte zu denken
- Auf seinen Körper hören
- Zum Brückenbauer zwischen Geist und Materie werden

Neptun im siebten Haus

Stärken und Talente

- Gutes Gespür für das (noch nicht gelebte) Potenzial des Partners
- Sich von der Liebe immer wieder bezaubern lassen
- Inspirierte Zweisamkeit
- Fähigkeit, den Partner so anzunehmen, wie er ist
- Guter Rhythmus zwischen Zweisamkeit und Alleinsein
- Talent, andere auf ihrem Weg zu unterstützen/zu inspirieren
- Freude, mit anderen zu teilen
- Sinn für Ästhetik / Kunstverständnis
- Diplomatisches Geschick
- Beratende Fähigkeiten

Schwierigkeiten und Hindernisse

- Unerfüllte Sehnsucht nach der vollkommenen Liebe

- Hohe Erwartungen an ein Du
- Zu Illusionen hinsichtlich Liebe und Partnerschaft neigen
- Ausgeprägte Tendenz, andere zu idealisieren
- Neigung, sich vereinnahmen zu lassen
- Opfer-Retter-Thematik in Beziehungen
- Instabile oder häufig wechselnde Partnerschaften
- Dreiecksverhältnisse
- Sich betrogen oder verlassen fühlen

Entwicklungspotenzial
- Kreislauf von Idealisierungen und Enttäuschungen durchbrechen
- Projektionen durchschauen und hinter sich lassen
- Aufopferungstendenzen aufgeben
- Reif werden für lebendige, schöpferische Beziehungen
- Sich mit anderen über Kunst/Kultur/Soziales/Spirituelles verbinden

Neptun im achten Haus
Stärken und Talente
- Guter Zugang zum persönlichen wie kollektiven Unbewussten
- Grosses Gespür für Hintergründe und das Unsichtbare
- Ausgeprägte Intuition
- Psychologische Begabung
- Beratende oder heilende Fähigkeiten
- Vertrauen in die Rhythmen des Lebens
- Verfeinerte Erotik sowie Fähigkeit zur Ekstase
- Sich durch die Sexualität verwandeln lassen
- Begabung für Rituale
- Talent für Börsen- und Finanzgeschäfte

Schwierigkeiten und Hindernisse
- Angst vor starken Emotionen
- Furcht, die Kontrolle zu verlieren
- Vermeidung von intensiven, verwandelnden Erfahrungen
- Macht/Ohnmacht-Erfahrungen
- Gefühle von Traurigkeit, Einsamkeit

- Depressionen oder andere psychische Leiden
- Angst, jemandem oder einer Situation ausgeliefert zu sein
- Unklarheiten, (Ent-)Täuschungen bei Geschäftspartnerschaften
- Probleme mit Erbschaften, Krediten, Finanzbehörden

Entwicklungspotenzial
- Vertrauen in die Kraft des Unbewussten entwickeln
- Abschiedlich leben lernen
- Loslassenkönnen
- Die Kraft zur Erneuerung und Heilung finden
- Klarheit im Umgang mit Finanzen entwickeln

Neptun im neunten Haus

Stärken und Talente
- Idealistisch, begeisterungsfähig
- Präkognitiv
- Dem Leben einen tieferen Sinn geben können
- Seine eigene Wahrheit finden
- Toleranz, geistige Offenheit
- Die Relativität jeglicher Anschauungen und Ansichten erkennen
- Weiser Lehrer / weise Lehrerin
- Gutes Gespür für zukünftige kulturelle/gesellschaftliche Trends
- Offen für künstlerische oder spirituelle Inspiration
- Talent für Berufe, die mit Lehren, Reisen oder Kultur zu tun haben

Schwierigkeiten und Hindernisse
- Glaube, im Besitz der Wahrheit zu sein
- Dubiose Heilsvorstellungen
- Naive Gutgläubigkeit
- Religiöse Schwärmerei
- Auf falsche Propheten hereinfallen
- Im Leben keinen Sinn erkennen können
- Die spirituelle Dimension des Lebens ablehnen oder leugnen
- Mühe, Ausbildungen zu beenden
- Schwierigkeit, das erworbene Wissen anzuwenden
- Juristische Probleme

- Seine Überzeugungen mit der Realität abgleichen
- Eigene Anschauungen nicht als Mass aller Dinge begreifen
- Anderen Kulturen/Weltanschauungen Toleranz entgegenbringen
- Durch Bildung/Reisen seinen Horizont erweitern
- Seinen Visionen/Inspirationen Raum geben

Neptun im zehnten Haus

Stärken und Talente

- Begabung für einen sozialen oder künstlerischen Beruf
- Seinen Traumberuf ausüben
- Tätigkeit als Dienst an der Gemeinschaft
- Überpersönlich engagiert/motiviert
- Menschlicher Führungsstil
- Vorgesetzter/Vorgesetzte mit sozialem Gewissen
- Andere auf ihrem beruflichen Weg beraten und unterstützen
- Gutes Gespür für gesellschaftliche oder wirtschaftliche Trends
- Talent für öffentliche Auftritte
- Unterhaltungskunst

Schwierigkeiten und Hindernisse

- Frustrierende Erfahrungen mit den Eltern oder einem Elternteil
- Unklarheit bezüglich seiner gesellschaftlichen Rolle oder Position
- Keine oder zu wenig klare Ziele haben
- Zu hohe Erwartungen an einen Job
- Unzufriedenheit/Unklarheit mit der beruflichen Verwirklichung
- Enttäuschende Erfahrungen mit Vorgesetzten
- Eindruck, übergangen zu werden, zu wenig Chancen zu erhalten
- Karriereknick / Erfolglosigkeit
- Mangel an Verantwortungssinn
- Skandale / Verleumdungen

Entwicklungspotenzial

- Sich über sein berufliches Potenzial Klarheit verschaffen
- Sich mit seinen Versagensängsten auseinandersetzen

- Verantwortung für die eigene Karriere übernehmen
- Seine wahre Berufung finden
- Unabhängig von den Erwartungen der Eltern werden

Neptun im elften Haus

Stärken und Talente

- Gutes Gespür für neue Ideen und zukünftige Entwicklungen
- Fähigkeit, andere zu inspirieren und für Projekte zu begeistern
- Idealistisches Engagement für eine Gruppe oder eine Vision
- Sensibilität für die Bedürfnisse einer Gemeinschaft
- Zu einem lebendigen Gemeinschaftsgeist beitragen
- Andere mit ins Boot holen
- Grosse Hilfsbereitschaft gegenüber Freunden
- Originelle Fantasie
- Hohes Gerechtigkeitsideal
- Ausgeprägte Solidarität und soziales Bewusstsein

Schwierigkeiten und Hindernisse

- Enttäuschungen mit Freunden/einer Gruppe
- Erfahrungen von Unehrlichkeiten/Verrat/Betrug im Team
- Tendenz, Konflikten auszuweichen statt sie zu klären
- Neigung zu Intrigen/Täuschungen/Verleumdungen
- Tendenz zum Mitläufertum
- Beeinflussbarkeit/Verführbarkeit
- Gefahr, in einer Gruppe unterzugehen
- Warten auf den Förderer/Retter statt selbst aktiv zu werden
- Sich Illusionen machen über die Zukunft

Entwicklungspotenzial

- Der Tendenz, andere zu idealisieren oder abzuwerten, Einhalt gebieten
- Überzogene Erwartungen gegenüber Freunden aufgeben
- Sich bietende Chancen beim Schopfe packen
- Gute Balance zwischen Ego- und Gruppenbedürfnissen finden
- Ideale und hehre Ziele mit der Realität abgleichen

Neptun im zwölften Haus

Stärken und Talente

- Wahrnehmen anderer Wirklichkeitsebenen
- Guter Zugang zum Unbewussten und seinen Bildern
- Fähigkeit der Präkognition / ausgeprägte Intuition
- Künstlerische Begabung
- Hohe Sensibilität für spirituelle Erfahrungen
- Um die verborgenen Geheimnisse des Lebens wissen
- Talent, anderen zu helfen
- Heilende Fähigkeiten
- Gespür für die Sehnsüchte/Bedürfnisse eines Kollektivs
- Guter Bezug zur Natur und all ihren Geschöpfen

Schwierigkeiten und Hindernisse

- Gefühl, dem Leben immer wieder ausgeliefert zu sein
- Flucht vor der Realität oder den Anforderungen des Alltags
- Psychische Labilität
- Suchtprobleme
- Angst, vom Unbewussten überschwemmt zu werden
- Anfällig für Täuschungen
- Zum Sündenbock werden
- Sich im Numinosen verlieren
- Religiöser Wahn
- Furcht vor den transzendenten Ebenen der Wirklichkeit

Entwicklungspotenzial

- Für eine gute Erdung sorgen
- Klarheit über seine inneren Erlebnisse gewinnen
- Ängste verstehen und bewältigen
- Aufopferungstendenzen aufgeben
- Verantwortung für sein seelisches Wohlbefinden übernehmen

Neptun im Transit durch die Häuser

Neptun im Transit durch das erste Haus

Positive Entsprechungen

- Eine Zeit, um sich neu zu verlieben
- Grössere Empathie und Hilfsbereitschaft
- Gesteigerte Kreativität, Fantasie und Inspiration
- Bereitschaft, nicht mehr stimmige Strukturen loszulassen
- Langgehegte Wünsche und Sehnsüchte verwirklichen
- Dingen seine Zeit lassen, um sich zu entwickeln
- Auf sanfte Art zum Ziel kommen

Schwierige Entsprechungen

- Diffuses, unklares oder widersprüchliches Auftreten
- Verringerte Widerstandskraft
- Orientierungs- und Ziellosigkeit
- Antriebsschwäche und Lustlosigkeit
- Schwierigkeit, seinen Weg, seine Rolle zu finden
- Emotionale Hochs und Tiefs
- Enttäuschungen mit Beziehungen

Neptun und seine Rosse

Neptun im Transit durch das zweite Haus

Positive Entsprechungen

- Mit Gespür neue Einnahmequellen erschliessen
- Überflüssiges, Angehäuftes loslassen
- Grosszügigkeit
- Bereitschaft, mit anderen zu teilen, was man hat
- Sich mit weniger begnügen können
- Seine Ansprüche reduzieren, um innerlich freier zu werden
- Ideelle Werte gewinnen an Bedeutung
- Hilfsbereitschaft bringt neue Einnahmequellen

Schwierige Entsprechungen

- Materielle Verluste
- Unklare Besitzverhältnisse
- Bisherige Einkommensquellen werden unsicher/versiegen
- Gefühle von Wertlosigkeit infolge finanzieller Probleme
- Verluste aufgrund von Spekulationen
- «Opfer» von Betrug oder unseriösen Angeboten werden
- Anderen auf der Tasche liegen

Neptun im Transit durch das dritte Haus

Positive Entsprechungen

- Feinfühlige Gesprächsführung
- Besseres Gespür für nonverbale Botschaften
- Subtilere Wahrnehmung
- Entwicklung von intuitiven/hellsichtigen Fähigkeiten
- Lebendige Verbindung zwischen Gefühl und Verstand
- Fantasievoller Ausdruck / Erzählkunst
- Grössere Toleranz im Denken

Schwierige Entsprechungen

- Wunschvorstellungen trüben Wahrnehmung und Denken
- Unklarer Ausdruck / Sprachprobleme
- Missverständnisse / Kommunikationsprobleme
- Aussenden von widersprüchlichen Signalen
- Es mit der Wahrheit nicht so genau nehmen / belogen werden
- Enttäuschungen mit Geschwistern
- Probleme im Zusammenhang mit einer Ausbildung

Neptun im Transit durch das vierte Haus

Positive Entsprechungen

- In Berührung sein mit seinen Gefühlen und Bedürfnissen
- Spüren, was man braucht, um sich geborgen zu fühlen
- Seine Traumwohnung finden / sein Traumhaus bauen
- Liebevoller Kontakt mit Nahestehenden
- In Kontakt sein mit seinen Wurzeln
- Sich befreien von destruktiven emotionalen Mustern
- Weicher, zugänglicher, hilfsbereiter werden

Schwierige Entsprechungen

- Wasserschäden in Wohnung oder Haus
- Schwierigkeiten mit der bisherigen Wohnsituation
- Keine dauerhafte Ruhe und Geborgenheit finden
- Probleme mit Eltern oder Kindern
- Unklare oder belastende Familiensituationen
- Krankes Familienmitglied
- Emotionale Labilität / Traurigkeit / Depression

Neptun im Transit durch das fünfte Haus

Positive Entsprechungen

- Kreativer Selbstausdruck
- Mit seinen Träumen und seinem Potenzial in Berührung sein
- Inspirationen und Fantasien künstlerisch umsetzen
- Die eigene Persönlichkeit gewinnt an Glanz und Charisma
- Romantik und Lebensfreude ins Leben fliessen lassen
- Seelisch inspirierte Begegnungen
- Verbindung von Hobby und Beruf

Schwierige Entsprechungen

- Sich in seinem Selbstausdruck behindert oder unsicher fühlen
- Mangelndes Selbstvertrauen
- Mit seinen Ideen/Projekten keinen Anklang finden
- Sich in jemanden verlieben, der nicht frei oder unerreichbar ist
- Von einer geliebten Person ausgenutzt/hintergangen werden
- Zwischen «Himmelhoch jauchzend» und «Zu Tode betrübt»
- Ungewollte Schwangerschaft

Neptun im Transit durch das sechste Haus

Positive Entsprechungen

- Seine Tätigkeit mehr nach seinen Bedürfnissen gestalten
- Eine überpersönliche Haltung im Beruf entwickeln
- Eine dienstleistungsorientierte Einstellung kultivieren
- Visionen und Ideale in die eigene Tätigkeit einbringen
- Eine gesündere Lebensweise pflegen
- Auf die Bedürfnisse des Körpers vermehrt achtgeben
- Lernen, seiner Intuition zu vertrauen

Schwierige Entsprechungen

- Höhere Stress- und Krankheitsanfälligkeit
- Unzuverlässige Kollegen oder Mitarbeiter
- Höhere Belastung aufgrund von Ausfällen am Arbeitsplatz
- Unklarheiten oder disharmonisches Klima am Arbeitsplatz
- Unzufriedenheit/Überforderung im Job
- Erlebnisse von Mobbing
- Probleme mit Haustieren

Neptun im Transit durch das siebte Haus

Positive Entsprechungen

- Beziehungen, die geistig und seelisch befruchtend sind
- Eine liebevolle Zweisamkeit (er)leben
- Seinem Seelenpartner begegnen
- Loslassen, was sich in einer Partnerschaft überholt hat
- Mehr Liebesfähigkeit und Empathie entwickeln
- Bereitschaft, stärker mit anderen zu teilen
- Durch eine Beziehungskrise wachsen

Schwierige Entsprechungen

- Partner geht auf Distanz oder entzieht sich
- Verletzungen/Enttäuschungen in Liebe und Partnerschaft
- Kriselnde Beziehungen
- Eindruck, ausgenutzt/betrogen/ benutzt zu werden
- Von (Geschäfts-)Partnern über den Tisch gezogen werden
- Opfer von Verleumdungen oder Täuschungen werden
- Partner wird arbeitslos/krank/ pflegebedürftig

Neptun im Transit durch das achte Haus

Positive Entsprechungen

- Auseinandersetzung mit den eigenen Werten
- Mehr Sein statt Haben
- Überflüssiges/Überholtes loslassen
- Wachsendes Engagement für die Gemeinschaft
- Die spirituelle Dimension der Sexualität erfahren
- Grössere Offenheit für transpersonale Erfahrungen
- Mittel, die einem unverhofft zufliessen

Schwierige Entsprechungen

- Auflösung alter Sicherheiten und Werte
- Schwierigkeiten im Zusammenhang mit Anlagen oder Krediten
- Eine Zeit finanzieller Unsicherheit / Schulden
- In Abhängigkeitsverhältnisse verstrickt sein
- Verlust oder Benachteiligung beim Erbe
- Geldprobleme des Partners
- Machtmissbräuchen ausgesetzt sein

Neptun im Transit durch das neunte Haus

Positive Entsprechungen

- Erweiterung des eigenen Weltbildes
- Begegnungen mit anderen Kulturen erweitern den Horizont
- Inspirierende Begegnungen mit Lehrer(innen)
- Loslassen überholter Anschauungen/Traditionen/Dogmen
- Auf der Suche nach der eigenen Wahrheit
- Grössere Toleranz
- Eine Zeit geistiger Inspiration / spiritueller Durchbrüche

Schwierige Entsprechungen

- Vorbilder enttäuschen
- Man hadert mit seinem Glauben / seiner Religion
- Bisherige Überzeugungen/Konzepte taugen nicht mehr
- Sinnkrise
- Sich unkritisch einer Lehre oder Weltanschauung verschreiben
- Unliebsame Erfahrungen auf Reisen oder mit anderen Kulturen
- Konflikte mit dem Gesetz / juristische Probleme

Neptun im Transit durch das zehnte Haus

Positive Entsprechungen

- Kreativität belebt die berufliche Verwirklichung
- Sich mehr Freiräume im Job verschaffen
- Intuition befruchtet berufliche Entscheidungsprozesse
- Wechsel in ein seelisch befriedigenderes Tätigkeitsfeld
- Grössere Kooperations- und Kompromissbereitschaft im Job
- Altruistische Motive prägen vermehrt Beruf und Karriere
- Gespür für Moden und gesellschaftliche Trends

Schwierige Entsprechungen

- Verlust der bisherigen beruflichen Position
- Arbeitgeber ist insolvent / geht pleite
- Enttäuschungen im Zusammenhang mit Vorbildern/Elternfiguren
- Chaotische Vorgesetzte oder unfähige Firmenleitung
- Mangelnde Bestätigung/Unterstützung im Job
- Überforderung / sich ausgebrannt fühlen
- Berufliche Sinnkrise

Neptun im Transit durch das elfte Haus

Positive Entsprechungen

- Gutes Gespür für den Zeitgeist
- Sich auf spielerische und kreative Art profilieren
- Idealistische Projekte mit Gleichgesinnten verwirklichen
- Inspirierende Freundschaften
- Unterstützung/Förderung durch Freunde erfahren
- Zu mehr Solidarität mit anderen fähig sein
- Seinen Idealen näherkommen / berufliche Träume verwirklichen

Schwierige Entsprechungen

- Freunde in Notsituationen, die Hilfe brauchen
- Enttäuschungen im Zusammenhang mit Freundschaftsdiensten
- Sich von Freunden betrogen/ausgenutzt/getäuscht fühlen
- Ideale aufgeben müssen
- Aus einer Gruppe ausgeschlossen werden
- Die Unterstützung von wichtigen Förderern verlieren
- Seiner Ideen beraubt werden / mit seinen Ideen nicht ankommen

Neptun im Transit durch das zwölfte Haus

Positive Entsprechungen

- Zu grösserem Urvertrauen finden
- Sich mehr Ruhe und Musse gönnen
- Sensibler, empathischer, mitfühlender werden
- Seiner Intuition vertrauen lernen
- Bereit sein, zu vergeben und zu verzeihen
- Bewusstseinserweiternde Erfahrungen
- Einverstandensein mit dem, was ist

Schwierige Entsprechungen

- Angst, den Boden unter den Füssen zu verlieren
- Alte Sicherheiten werden unterspült
- Von seelischem Schmerz überwältigt werden
- Bisherige Erklärungsmodelle taugen nicht mehr
- Gefühle von Einsamkeit wirken lähmend
- Erlebnisse von Hilf- oder Machtlosigkeit
- Sich als Opfer unbekannter innerer oder äusserer Mächte fühlen

Zu grösserem Urvertrauen finden

Neptun im Aspekt zu den Planeten

Neptun im Aspekt zur Sonne

Harmonisch – gehemmte Entsprechung

- Passivität / Antriebsschwäche
- Warten auf den Weihnachtsmann
- Wunschdenken / zu hohe Erwartungshaltung
- Orientierungslosigkeit
- Sein Licht unter den Scheffel stellen

Harmonisch – reife Entsprechung

- Vertrauen in die eigenen Fähigkeiten
- Umsichtiges Vorgehen und Verfolgen seiner Ziele
- Schöpferische Selbstverwirklichung
- Realität und Wünsche in Einklang bringen können
- Gute Menschenkenntnis
- Gespür für Menschen und Situationen
- Ausgeprägte Intuition
- Vertrauen ins Leben

Harmonisch – Vaterbild

Der Vater wurde als einfühlsam, liebevoll, kreativ und fantasievoll erlebt, obwohl er vielleicht nicht immer greifbar oder gar schwach war.

Disharmonisch – gehemmte Entsprechung

- Geringes Selbstbewusstsein
- Minderwertigkeitsgefühle
- Angst zu «strahlen»
- Gefühle von Unzulänglich- und Hilflosigkeit
- Furcht vor Konfrontationen und Auseinandersetzungen
- Unklares Handeln
- Entscheidungsschwäche
- Neigung zur Selbsttäuschung

- Formen von Abhängigkeit

Disharmonisch – reife Entsprechung
Gleich wie «Harmonisch – reife Entsprechung»

Disharmonisch – Vaterbild
Der Vater war unklar, abwesend, krank, chaotisch oder unzuverlässig. Er schenkte zu wenig Beachtung oder Unterstützung oder verhielt sich abweisend und ablehnend.

Berufe
- Helfende/soziale Berufe
- Tätigkeiten in der Chemie- und Pharmabranche
- Künstlerische Berufe, insbesondere im Bereich Musik
- Dienstleistungsberufe
- Tätigkeiten im Zusammenhang mit Wasser oder Getränken
- Berufe in der Natur (zum Beispiel Gärtner)

Neptun im Aspekt zum Mond

Harmonisch – gehemmte Entsprechung
- Mühe, sich gegen äussere Einflüsse abzugrenzen
- Schwierigkeit, eigene von fremden Gefühlen zu unterscheiden
- Angst vor Aggressionen oder intensiven Gefühlen
- Wunschdenken beeinflusst die Wahrnehmung
- Tendenz, Aspekte der Realität auszublenden

Harmonisch – reife Entsprechung
- Guter Zugang zur Welt der Psyche
- Gefühlvoll und einfühlsam
- Grosse Hilfsbereitschaft
- Hervorragendes Vorstellungsvermögen
- Gutes Gespür für andere Menschen
- Psychologisches Talent
- Ausgeprägtes Sensorium für Stimmungen
- Mit anderen auf einer Wellenlinie schwingen können
- Sich von einem höheren Sinn getragen fühlen

Harmonisch – Mutterbild
Die Mutter wurde als einfühlsam, liebevoll und unterstützend erlebt. Vielleicht war sie sogar äusserst begabt oder weise, wirkte womöglich aber auch zerbrechlich und wenig belastbar.

Disharmonisch – gehemmte Entsprechung
- Emotionale Abhängigkeit von anderen Menschen
- Steckenbleiben in der Kindrolle
- Vor Verantwortung ausweichen
- Emotionales Chaos
- Launenhaftigkeit / Stimmungsschwankungen
- Gefühl von Heimatlosigkeit / sich nicht zugehörig fühlen
- Schwierigkeit, seine Erwartungen klar auszudrücken
- Emotionale Manipulation
- Tendenz zur Selbstaufopferung

Disharmonisch – reife Entsprechung
Gleich wie «Harmonisch – reife Entsprechung»

Disharmonisch – Mutterbild
Die Mutter wurde als unzuverlässig, chaotisch, abwesend oder als krank erlebt. Als Kind fühlte man sich einsam, auf sich alleine gestellt, ohne Schutz und Unterstützung.

Berufe
- Soziale/helfende Berufe
- Medienberufe
- Pädagogische Berufe
- Tätigkeiten im Personalwesen
- Musische/künstlerische Tätigkeiten
- Tätigkeiten im Bereich Architektur/Wohnen

Neptun im Aspekt zum Merkur
Harmonisch – gehemmte Entsprechung
- Tendenz, sich etwas vorzumachen
- Dinge in der Schwebe lassen oder schönreden
- Mühe, einen klaren Standpunkt einzunehmen
- Unklare Kommunikation / Missverständnisse

- Anderen nach dem Mund reden / sagen, was gut ankommt

Harmonisch – reife Entsprechung

- Gute Verbindung zwischen Logik und Gefühl
- Ganzheitliches Denken
- Realitätstauglicher Idealismus
- Inspiriert und fantasievoll
- Kreativer Umgang mit Wort und Schrift
- Fähigkeit, Menschen und Situationen zu «lesen»
- Einfühlsame Kommunikation
- Musische Begabung
- Präkognitive Fähigkeiten

Disharmonisch – gehemmte Entsprechung

- Mühe, sein Leben zu organisieren
- Schwierigkeit, Abmachungen und Termine einzuhalten
- Ignorieren von Tatsachen
- Sich in Scheinvorstellungen flüchten
- An seinen intellektuellen Fähigkeiten zweifeln
- Sprach-und Schreibschwierigkeiten
- Zerstreutheit
- Angst, seine Meinung zu sagen
- Angst vor dem Irrationalen

Disharmonisch – reife Entsprechung

Gleich wie «Harmonisch – reife Entsprechung»

Berufe

- Medien- und Kommunikationsberufe
- Beratende und psychologische Berufe
- Lehrtätigkeiten
- Musische/künstlerische Berufe
- Dienstleistungsberufe
- Tätigkeiten im Bereich Werbung und Public Relations

Neptun im Aspekt zur Venus

Harmonisch – gehemmte Entsprechung

- Übergrosses Harmoniebedürfnis

- Übersteigertes Liebesideal
- Tendenz, den Partner zu idealisieren
- Ernüchterungen und Enttäuschungen in Beziehungen
- Sich in Abhängigkeiten verstricken

Harmonisch – reife Entsprechung

- Gutes Einfühlungsvermögen
- Selbst- und Nächstenliebe
- Hingabefähigkeit
- Fähigkeit, sich anderen zu öffnen
- Liebevoll, inspirierte Beziehungen
- Beziehungsalltag akzeptieren können
- Den anderen annehmen, wie er ist
- Genussfähigkeit
- Entwickelter ästhetischer Sinn

Disharmonisch – gehemmte Entsprechung

- Verunsicherung im Selbstwert
- Angst vor Zurückweisung
- Sich nicht geliebt fühlen
- Einsamkeitsgefühle
- Bindungsangst
- Unklare und enttäuschende Beziehungen
- Flüchtige oder unrealistische Beziehungen
- Gefühl, ausgenutzt zu werden
- Mühe, sich abzugrenzen / Aufopferungstendenzen

Disharmonisch – reife Entsprechung

Gleich wie «Harmonisch – reife Entsprechung»

Berufe

- Gestalterische oder künstlerische Berufe
- Tätigkeiten in der Mode- und Schönheitsbranche
- Tätigkeiten in der Gastronomie / im Hotelfach
- Soziale/helfende Berufe
- Tätigkeiten im Bereich der Finanzbranche

Neptun im Aspekt zum Mars

Harmonisch – gehemmte Entsprechung

- Antriebsschwäche
- Schwierigkeit, zielgerichtet vorzugehen
- Stets den Weg des geringsten Widerstandes gehen
- Konfrontationen ausweichen
- Abgrenzungsprobleme

Harmonisch – reife Entsprechung

- Seine Visionen mit Tatkraft verwirklichen
- Intuitives Handeln
- Feinfühlige Durchsetzung
- Gefühle von Wut zulassen können
- Sich für ein überpersönliches Ziel engagieren
- Taktisches Fingerspitzengefühl
- Einfühlungsgabe
- Grosse Hilfsbereitschaft
- Begabung, Menschen bei Problemen beizustehen

Disharmonisch – gehemmte Entsprechung

- Unklares Handeln
- Mangelnde Entschlusskraft
- Angst, seine Power zu zeigen und zu leben
- Schuldgefühle erschweren das Äussern von Egobedürfnissen
- Passiv-aggressives Verhalten
- Tendenz zur Selbstsabotage
- Gehemmte Durchsetzung
- Furcht, im Wettbewerb zu unterliegen
- Täuschungsbereitschaft
- Überzogene Härte (Kompensation vor allem bei Männern)

Disharmonisch – reife Entsprechung

Gleich wie «Harmonisch – reife Entsprechung»

Berufe

- Medizinische Berufe
- Pädagogische oder psychotherapeutische Berufe

- Gestalterische und künstlerische Berufe
- Tätigkeiten im Bereich (Wasser-)Sport / Schiffbau
- Tätigkeiten in der Reisebranche
- Medienberufe

Neptun im Aspekt zum Jupiter

Harmonisch – gehemmte Entsprechung
- Naive Sorglosigkeit und Gutgläubigkeit
- Details und Fakten zu wenig Beachtung schenken
- Neigung, sich Illusionen hinzugeben
- Tendenz, sich ausnutzen zu lassen
- Flucht vor Problemen

Harmonisch – reife Entsprechung
- Talent zur richtigen Zeit am richtigen Ort zu sein
- Tiefes Vertrauen in die Existenz / Gottvertrauen
- Durch eine dienende Haltung zu Erfolg kommen
- Das Glas stets als halb voll anstatt halb leer sehen
- Grosszügigkeit
- Seine Visionen verwirklichen
- Müheloses Erfassen von komplexen Zusammenhängen
- Güte, Offenherzigkeit, Nächstenliebe
- Weises Handeln

Disharmonisch – gehemmte Entsprechung
- Mühe mit Routine und der Alltagsbewältigung
- Bequemlichkeit
- Übersteigerte Wünsche und Ansprüche
- Zu stark auf die Unterstützung anderer hoffen
- Enttäuschungen aufgrund überhöhter Erwartungen
- Bereitschaft, zu grosse Risiken einzugehen
- Mangelnder Realitätscheck
- Zu viel versprechen / Neigung, zu täuschen
- Tendenz zum Grandiosen

Disharmonisch – reife Entsprechung
Gleich wie «Harmonisch – reife Entsprechung»

Berufe

- Tätigkeiten im Bereich Religion und Spiritualität
- Helfende und heilende Berufe
- Lehrtätigkeiten
- Tätigkeiten in der Reisebranche
- Medienberufe

Neptun im Aspekt zum Saturn

Harmonisch – gehemmte Entsprechung

- Fehlende Sicherheit
- Mangelnde Ausdauer
- Geringe Belastbarkeit
- Sich durch Probleme schnell entmutigen lassen
- Abgrenzungsprobleme

Harmonisch – reife Entsprechung

- Natürliche Bescheidenheit
- Gabe, anderen zu helfen
- Emotionale Intelligenz
- Gelebter Idealismus
- Seine Visionen und Träume verwirklichen
- Gutes Gespür für den Zeitgeist
- Ordnung in chaotische, unübersichtliche Situationen bringen
- Vertrauen aufbauen können
- Diskretionsfähigkeit

Disharmonisch – gehemmte Entsprechung

- Gefühl, zu kurz zu kommen
- Schwierigkeit, Verantwortung zu übernehmen
- Existenzängste
- Schuldgefühle
- Angst vor Kontrollverlust
- Zum Sündenbock werden versus Schuldige finden
- Misstrauisch / Angst, hintergangen zu werden
- Sich seinen Gefühlen verschliessen
- Flucht vor der Realität / Neigung zu Selbsttäuschungen

Disharmonisch – reife Entsprechung

Gleich wie «Harmonisch – reife Entsprechung»

Berufe

- Tätigkeiten im Bereich Religion und Spiritualität
- Soziale/helfende Tätigkeiten
- Tätigkeit in der Versicherungsbranche
- Künstlerische Berufe, insbesondere im Bereich Musik
- Unternehmerische Tätigkeiten

Neptun im Aspekt zu Uranus und Pluto

Die Aspekte von Neptun zu Uranus und Neptun zu Pluto sind eng mit kollektiven Prozessen und Ereignissen verbunden. Sie repräsentieren politische, soziale und kulturelle Entwicklungen in einer Gesellschaft. Daher werden sie hier bei der individuellen Deutung ausgelassen. Für eine aussagekräftige Deutung dieser Generationenaspekte im individuellen Horoskop müssen die jeweiligen Häuserstellungen sowie die Verbindung vor allem zu persönlichen Planeten berücksichtigt werden.

Neptun im Transit zu den Planeten

Neptun im Transit zur Sonne

Harmonische Aspekte

- In Kontakt kommen mit der eigenen Kreativität
- Sich mehr Ruhe und Musse gönnen
- Durchlässiger, feinfühliger werden
- Anderen offener, herzlicher, mitfühlender begegnen
- Eingebungen / Ahnungen
- Spirituelle Erlebnisse

Aber auch:

- Dinge zu rosig sehen
- Tendenz zur Selbsttäuschung

Disharmonische Aspekte

- Reduzierte Vitalität / Müdigkeit / Trägheit
- Geschwächtes Selbstbewusstsein
- Unklarheit bezüglich des eigenen Wegs
- Versagensängste
- Enttäuschungen mit Männern
- Gefühl von Hoffnungs- oder Sinnlosigkeit

Aber auch:

- Grössere Hilfsbereitschaft
- Schöpferische Selbstverwirklichung

Vater wird krank, depressiv, erleidet einen Verlust, braucht Unterstützung, ist hilflos oder zieht weg.

Im *weiblichen* Horoskop können solche Themen zudem den Partner oder andere wichtige Männer im Leben betreffen. Denkbar ist auch, dass sich eine Frau in dieser Zeit in einen Mann verliebt, der nicht frei oder unerreichbar ist oder der ihre Liebe nicht erwidert.

Neptun im Transit zum Mond

Harmonische Aspekte

- Besseres Gespür für die eigenen emotionalen Bedürfnisse
- Gut mit anderen mitschwingen können
- Hohe Sensibilität gegenüber seinen Mitmenschen
- Verständnisvoll, einfühlsam, hilfsbereit
- Hingabefähigkeit
- Draht zum Übersinnlichen

Aber auch:

- Zu gutmütig sein / zu wenig Grenzen setzen
- Negative Gefühle verdrängen

Disharmonische Aspekte

- Abgrenzungsprobleme
- Traurigkeitsphasen / Depressionen
- Sich in Abhängigkeiten verstricken
- Sich ungeborgen fühlen
- Enttäuschungen mit Frauen
- Leidvolle Erfahrungen mit Eltern oder Kindern

Aber auch:

- Gute Zeit für emotionale Prozesse
- Lernen, sich selbst eine gute Mutter zu sein

Mutter wird krank, depressiv, erweist sich als hilflos, erleidet einen Verlust oder braucht Unterstützung.

Im *männlichen* Horoskop können solche Themen zudem die Partnerin oder andere wichtige Frauen im Leben betreffen. Denkbar ist auch, dass ein Mann sich in dieser Zeit in eine Frau verliebt, die unerreichbar oder schon gebunden ist oder die seine Liebe nicht erwidert.

Neptun im Transit zum Merkur

Harmonische Aspekte

- Beflügelte Fantasie / künstlerischer Ausdruck
- Über Worte berühren
- Zum «Sprachrohr» für etwas/jemanden werden
- Fakten/Ideen anschaulich darstellen können
- Eingebungen/Ahnungen
- Ideen/Visionen erfolgreich umsetzen

Aber auch:

- Sich in Wunschdenken verlieren
- Sich täuschen lassen

Disharmonische Aspekte

- Getrübte Wahrnehmung
- Unklarheit im Ausdruck
- Vergesslichkeit / Zerstreutheit
- Schwierigkeit, im Alltag zu funktionieren
- Unorganisiertheit / Lethargie / Ängste
- Schwindel / Betrug / Täuschungen

Aber auch:

- Seinen Träumen/Wünschen mehr Raum geben
- Sich einem neuen Weltbild öffnen

Über Worte berühren

103

Neptun im Transit zur Venus

Harmonische Aspekte

- Inspirierende Begegnungen
- Sich neu verlieben
- Eine Zeit der Romantik und Zärtlichkeit
- Gutes Gespür für Investitionen
- Schönheit/Ästhetik ins Leben fliessen lassen
- Verfeinerte Genussfähigkeit

Aber auch:

- Tendenz, zu idealisieren und Unstimmigkeiten auszublenden
- Übergrosses Harmonie- und Genussbedürfnis

Disharmonische Aspekte

- (Ent-)Täuschungen in Beziehungen
- Partner wird klamm/krank/unzuverlässig
- Verlassenheits- und Verlustängste
- Heimliche Liebschaften
- Finanzielle Probleme
- Status/Anerkennung/Beliebtheit einbüssen

Aber auch:

- Sich seiner (Liebes-)Sehnsüchte bewusst werden
- Seelisch befriedigendere Werte entwickeln

Disharmonische Aspekte in der Projektion:

Partnerin, Schwester oder Kolleginnen zeigen sich hilflos, werden unzuverlässig, krank oder depressiv, brauchen Unterstützung oder verlassen einen.

Entsprechung im männlichen Horoskop: Denkbar ist auch, dass sich ein Mann in dieser Zeit in eine Frau verliebt, die unerreichbar oder schon gebunden ist oder die seine Liebe nicht erwidert.

Neptun im Transit zum Mars

Harmonische Aspekte

- Sanfte Durchsetzung
- Visionen in die Tat umsetzen
- Sich für gemeinschaftliche Ziele engagieren
- Intuitives, inspiriertes Handeln
- Gute Nase für Zeitgeistprojekte
- Handeln, ohne an die Früchte zu denken

Aber auch:

- Sich nicht in die Karten blicken lassen
- Sich über seine wahren Ziele hinwegtäuschen

Disharmonische Aspekte

- Antriebsschwäche / Erschöpfung
- Reduzierte Energie / geringe Motivation
- Lustlosigkeit oder gesteigerter Eros
- Verunsicherung bezüglich der eigenen Ziele
- Fehlgeleitete Aktionen / durchkreuzte Pläne
- Misserfolge

Aber auch:

- Die Grenzen des eigenen Willens akzeptieren
- Sich für das Wohl anderer einsetzen/engagieren

Disharmonische Aspekte in der Projektion:

Partner, Bruder oder Kollegen zeigen sich hilflos, werden unzuverlässig, krank oder depressiv, brauchen Unterstützung oder verlassen einen.

Entsprechung im weiblichen Horoskop: Denkbar ist auch, dass sich eine Frau in dieser Zeit in einen Mann verliebt, der zwar fantasievoll, aber wenig lebenstauglich ist oder der ihre Liebe nicht erwidert.

Neptun im Transit zum Jupiter

Harmonische Aspekte

- Seelische Wachstumsphasen
- Traumwandlerisches Glück
- Erweiterung des geistigen Horizonts
- Erfahrungen von Transzendenz
- Lust, viel oder länger zu (ver-) reisen
- Zuversichtlich, optimistisch gestimmt

Aber auch:

- Zu gutgläubig, zu vertrauensselig sein
- Sich zu wenig um Details kümmern / fehlende Sorgfalt

Disharmonische Aspekte

- Tendenz, zu übertreiben
- Informationen/Fakten zu wenig Beachtung schenken
- Bisherige Überzeugungen taugen nicht mehr
- Enttäuschungen mit Lehrer(innen) oder Vorbildern
- Aus dem Alltag ausbrechen wollen
- Hoffnungen zerplatzen

Aber auch:

- Enttäuschungen initiieren Reifungsprozesse
- Immaterielle Werte werden wichtiger

Neptun im Transit zum Saturn

Harmonische Aspekte

- Einengende Strukturen lösen sich auf
- Hindernisse/ Blockaden verschwinden
- Grösseres Einfühlungsvermögen
- Eine stärkere soziale Ader entwickeln
- Arbeit wird durch Intuition bereichert
- Visionen mit Disziplin und Ausdauer realisieren

Aber auch:

- Seine Inspirationen zu wenig ernst nehmen
- Zu passiv oder unbestimmt sein

Disharmonische Aspekte

- Bisherige Sicherheiten lösen sich auf
- Orientierungslosigkeit
- Unsicherheit oder Angstzustände
- Unzulänglichkeits- und Einsamkeitsgefühle
- Verlusterfahrungen / Misserfolge
- Körperliche/gesundheitliche Probleme

Aber auch:

- Realistische Erwartungen entwickeln
- Sich von Schuldgefühlen befreien

Neptun im Transit zum Uranus

Harmonische Aspekte

- Gesteigerte Intuition
- Beschäftigung mit metaphysischen Themen
- Neue Ideale und Ideen verfolgen
- Gespür für kommende Trends und Moden
- Engagement für soziale/ökologische Reformen
- Bewusstseinserweiternde Erfahrungen

Aber auch:

- Von Freiheit nur träumen
- Projekte in der Schwebe belassen

Disharmonische Aspekte

- Unfreiwillige Veränderungen
- Unerwartete Verluste
- Bisherige Konzepte funktionieren nicht mehr
- Sich innerlich zerrissen fühlen
- Mühe, Entscheidungen zu fällen
- Probleme mit technischen Geräten

Aber auch:

- Synthese zwischen Denken und Fühlen entwickeln
- Sich freischwimmen

Neptun im Transit zum Neptun

Harmonische Aspekte

Neptun Sextil Neptun im Alter von Ende 20:

- In Kontakt kommen mit noch ungelebtem Potenzial
- Neue/andere Wünsche tauchen auf
- Seine Mission spüren

Neptun Trigon Neptun im Alter von Mitte 50:

- Frieden mit sich und der Welt schliessen
- Zwänge und Einschränkungen hinter sich lassen
- Eine Phase spirituellen Wachstums

Disharmonische Aspekte

Neptun Quadrat Neptun im Alter von Anfang 40:

- In Berührung kommen mit unerfüllten Sehnsüchten
- Sinnkrise
- Unrealistische Träume aufgeben

Neptun Opposition Neptun im Alter von Anfang 80:

- Die vitalen und geistigen Kräfte lassen nach
- Erlebnisse von Abhängigkeit und Hilflosigkeit
- Altersweisheit entwickeln / Auseinandersetzung mit der eigenen Vergänglichkeit

Neptun im Transit zum Pluto

Harmonische Aspekte

Neptun Trigon Pluto im Alter zwischen 25 und 35 sowie zwischen 80 und 85 Jahren:

- Empfänglich für Signale des Unbewussten
- Interesse für Magie und Mystik
- Gesteigerte Intuition
- Grössere Zusammenhänge erkennen
- Bedürfnis, zu helfen oder zu heilen
- Unvermeidliches akzeptieren können

Aber auch:

- Wandlungen vermeiden/ausweichen wollen
- Sich über seine wahren Motive hinwegtäuschen

Disharmonische Aspekte

Neptun Opposition Pluto im Alter zwischen 53 und 63 Jahren:

- Seelische Zusammenbrüche
- Emotionale Komplexe werden aktiviert
- Ohnmachtserfahrungen
- Verlusterfahrungen
- Intensive, beunruhigende Träume
- Erfahrungen von Machtmissbrauch

Aber auch:

- Tiefe Einsichten über sich und das Leben gewinnen
- Vertrauen in die Kräfte der Seele entwickeln

Ein letzter Gruss von Neptun

Im Jahr 1989 fiel der Eiserne Vorhang. Es war das Jahr, in dem Neptun eine Konjunktion mit Saturn im Steinbock-Zeichen bildete. Überholte Strukturen wurden hinweggespült, und die Vision einer offenen und friedlichen Welt war erstmals zum Greifen nahe. Der Fall der Berliner Mauer ist wohl eine der schönsten Entsprechungen, die diese Konstellation jemals hervorgebracht hat. Doch schon wenige Monate zuvor machte bereits ein anderes faszinierendes, wenn auch weniger monumentales Ereignis von sich Reden und dieser Konstellation alle Ehre. Die Menschheit erblickte zum ersten Mal das Antlitz von Neptun, dem Planeten.

Im Jahr 1989 trafen Saturn und Neptun drei Mal aufeinander. Das erste Mal Anfang März, das zweite Mal Ende Juni und ein

letztes Mal Mitte November. Während der zweiten Konjunktion im Sommer 1989 näherte sich die Raumsonde Voyager 2 auf ihrem Flug zu den äusseren Planeten unseres Sonnensystems Neptun. Nach zwölf Jahren Flug erschien plötzlich der Planet in den Objektiven der Raumsonde. Es war das erste Mal überhaupt, dass wir Menschen Bilder von diesem mysteriösen Planeten zu Gesicht bekamen. Bis zu diesem Zeitpunkt war es selbst mit den stärksten Teleskopen unmöglich gewesen, Neptun zu beobachten.

In den damaligen Abendnachrichten flimmerten zur besten Sendezeit Bilder dieses über vier Milliarden Kilometer von der Erde entfernten Planeten über unsere Bildschirme. Was wir sahen, war beeindruckend und berührend. Da schwebte ein wunderschöner Planet vor unseren Augen, der mit seiner leuchtenden dunkelblauen Farbe und seinen weissen Wolken an unsere Erde erinnerte. Es gibt Bilder von Neptun, die ähneln den mysteriösen Welten der Tiefe unserer Ozeane. Andere wiederum erinnern an die intrauterine Geborgenheit im Mutterleib. Es scheint fast so, als ob zwischen den archetypischen Bildern, die wir alle von Neptun in uns tragen, und der Welt des Planeten eine geheimnisvolle Verbindung existieren würde. Und vielleicht hat Neptun ja wirklich unsere Ankunft erwartet. Als Voyager seine Reise fortfuhr und den blauen Planeten wieder verliess, um zu den äusseren Bereichen unseres Sonnensystems aufzubrechen, schoss die Raumsonde noch ein letztes Bild

von ihm. Es zeigt den aufgehenden Planeten zusammen mit seinem Mond Triton. Das Bild erinnert an eine Mutter mit ihrem Kind. Und man kann sich des Eindrucks nicht erwehren, als ob uns Neptun leise zuflüstern würde: Seht, ich bin eure kosmische Mutter.

Edition Astrodata

Alexandra Klinghammer & Claude Weiss

Die Lilith-Fibel

Der Schwarze Mond im Horoskop

Lilith ist ein geheimnisvoller Punkt im Horoskop. Sie ist häufig das fehlende Puzzlestück, das wir benötigen, um einen Menschen in seiner Ganzheit, aber auch in seiner Widersprüchlichkeit zu verstehen. So ist der Bereich, den der Schwarze Mond (Lilith) in unserem Geburtshoroskop anzeigt, oft mit starken Ambivalenzen besetzt. Hier neigen wir zu ausgeprägten Entweder-oder-Haltungen, oder wir wechseln von einem Extrem ins andere.

Dieses Buch verschafft einen grundlegenden Einblick in die Bedeutung von Lilith im persönlichen Horoskop. Dabei wird ihre Stellung in den Häusern, in den Tierkreiszeichen sowie im Aspekt zu den Planeten beschrieben. Darüber hinaus werden die Transite der Lilith gedeutet und ihre Entsprechungen im Partnerschaftshoroskop erläutert.

17 x 24 cm / brosch., 96 Seiten durchgehend farbig / 20 Abb. ISBN 978-3-907029-78-7

Astrodata Versandbuchhandlung ◆ Chilenholzstrasse 8 ◆ **Postfach** ◆ CH-8907 Wettswil
Telefon ++41 43 343 33 33 ◆ **Fax** ++41 43 343 33 43 ◆ E-Mail bookshop@astrodata.ch
Internet www.astrodata.ch (➔ Bücher und CDs) ◆ Oder in Ihrer Buchhandlung am Ort